Anna Lisa Kiesel

Das geheime Leben der Tiere
Die Weisheit der Eisbären

Bisher erschienen:

Lebensraum „Ozean"

Minik – Aufbruch ins weite Meer
Minik – Der Ruf der Arktis
Abenteuer im Korallenriff
Ein Seehund findet nach Hause

Lebensraum „Wald"

Die weiße Wölfin
König der Bären
Stadt der Füchse
Revier der Raben

Lebensraum „Savanne"

Nuru und Lela – Das Wunder der Wildnis
Maru – Die Reise der Elefanten
Im Reich der Geparde

Lebensraum „Dschungel"

Freundschaft im Regenwald
Die schwarze Tigerin
Verloren im Urwald

Lebensraum „Arktis"

Die Weisheit der Eisbären

Anna Lisa Kiesel

Die Weisheit der Eisbären

Mit Illustrationen von Sanna Wandtke

DAS GEHEIME LEBEN DER TIERE
ARKTIS

Loewe

FSC
www.fsc.org
MIX
Papier | Fördert gute Waldnutzung
FSC® C014496

ISBN 978-3-7432-1712-6
1. Auflage 2024

Umschlag- und Innenillustrationen: Sanna Wandtke
Umschlaggestaltung: Michael Dietrich
Redaktion: Simona Herzig
Druck und Bindung: GGP Media GmbH,
Karl-Marx-Straße 24, D-07381 Pößneck

www.loewe-verlag.de

Inhalt

Das vierte Jahr: Gefährten

Das fünfte Jahr: Neubeginn

Für Gernot, der keinen einzigen Eisbären gesehen hat.

Für Yuming und Yilin, Cati und Herwig.
Danke für eure unendliche Geduld.

Das erste Jahr: Familie

Aufbruch

Die Luft kitzelte. Miki spürte es in ihrer Nase und in ihrem Fell. Sie spürte, dass es kalt war. Viel kälter als in der warmen Wurfhöhle, die sie in ihrem ganzen Eisbärenleben noch nie verlassen hatte. Und trotzdem ... Die Versuchung, ihre Schnauze aus dem schmalen Durchgang zu stecken, war viel zu groß, um ihr zu widerstehen. Miki robbte ein Stück weiter und ein scharfer Schmerz bohrte sich in ihre Augen. Sie blinzelte.

„Aua", wimmerte das Eisbärenmädchen. Es wollte sich nach seiner Mutter umsehen, aber diese unbekannte Welt dort draußen war viel zu hell für seine kleinen Augen, die bisher nur die Dunkelheit kannten. Gleißendes Sonnenlicht, das auf Millionen und Abermillionen Schneekristalle traf, blendete Miki.

„Komm", hörte sie die Stimme ihrer Mutter vor der Höhle. „Komm und schau dir die Welt an."

Miki robbte vorwärts. Stück für Stück schob sie sich

ins Freie und mit jedem Atemzug gewöhnten sich ihre Augen ein wenig mehr an den Sonnenschein. Weiß. Wohin Miki auch blickte, alles war weiß. Sie spürte ein Kribbeln in ihren Pfoten und wäre am liebsten sofort losgelaufen. Zum Meer, von dem Mama in den letzten Wochen so viel erzählt hatte. Miki stürmte voran, aber sie kam nicht weit. Das Gefühl des weichen Schnees unter ihren Pfoten war so überwältigend schön, dass sie vor Freude einen Purzelbaum schlug. Die kleine Eisbärin drückte ihr Gesicht in das kalte Weiß und sog den herrlichen Duft ein. So roch sie also, diese Welt, durch die Miki schon bald wandern sollte. Zusammen mit Mama und ... „Nuka!" Wie hatte sie bloß Nuka vergessen können? Mit unbeholfenen Schritten tappte Miki zurück zur Wurfhöhle und rief ihren kleinen Bruder ungeduldig.

„Ich mag nicht", ertönte seine Stimme aus der Dunkelheit.

„Was magst du nicht?"

„Na, rausgehen. Da ist es kalt und hell und meine Pfoten tun jetzt schon weh und außerdem hat Mama gesagt, dass wir noch hierbleiben, bevor wir zu diesem doofen Meer müssen. Also, warum soll ich jetzt schon nach draußen?" Nuka stieß ein mürrisches Knurren aus.

„Ach, Nuka! Mama hat aber auch gesagt, dass wir uns an die Kälte gewöhnen müssen, und deshalb sollen wir vor der Höhle spielen." Miki robbte durch den Tunnel, der hinauf in die gemütliche Schneehöhle führte. Mama hatte sie im letzten Herbst gegraben. Die Geschwister waren hier vor etwa drei Monaten geboren worden und die Höhle schützte sie gut vor der Kälte und vor anderen Tieren. Mittlerweile umfasste das Zuhause sogar zwei Räume, damit die beiden Eisbärenkinder genug Platz zum Spielen und Toben hatten. Doch der Frühling kam allmählich und für die kleine Familie wurde es Zeit, diesen Ort zu verlassen.

„Komm mit!", bettelte Miki und biss ihrem Bruder ins Ohr. „Draußen ist es wunderschön! Alles ist weiß und es glitzert und funkelt ..."

„Aber Mama sagt, ich muss heute noch nicht, wenn ich nicht möchte", erwiderte Nuka stur.

„Du bist langweilig." Enttäuscht ließ Miki von ihrem Bruder ab. Sollte Nuka doch tun, was er für richtig hielt. Miki aber wartete seit Wochen auf diesen Moment und nichts konnte ihr die Freude über diesen neuen Lebensabschnitt verderben. Nicht einmal Nuka, der jetzt sein Gesicht unter seinen riesigen Tatzen vergrub. Der Eisbärenjunge haderte sichtlich mit sich selbst. Nur wenige Minuten vor ihm war Miki geboren worden, aber dies hatte gereicht, um ihn zum kleinen Bruder zu machen. Zu dem ängstlichen Eisbärenkind, das sich ständig sorgte und lieber in der schützenden Höhle geblieben wäre, als durch das endlose Weiß zu laufen. Während Mamas Erzählungen bei Miki die Neugier entfachten, schreckten sie Nuka ab. Doch der Eisbärenjunge spürte auch etwas anderes in seinem Bauch rumoren. Ärger. Ja, Nuka war verärgert, weil Miki ihn langweilig genannt hatte. Und während das Eisbärenmädchen bereits wieder durch den schmalen Tunnel an die Oberfläche robbte, kroch Nuka in seinen Lieblingswinkel. Wie gut es hier roch. Nach Mama und Miki, nach Geborgenheit und nach Zuhause.

„Und dort drüben, Mama? Ist da vielleicht das Meer?" Miki wuselte zwischen Mamas Beinen herum, sah mal hierhin und mal dorthin und versuchte, das Meer zu entdecken. Die Mutter aber lachte.

„Nein, mein Schatz. Du kannst das Meer von hier aus nicht sehen. Es ist viel zu weit weg."

„Aber wenn ich mich ganz groß mache ..." Miki

richtete sich auf. Sie stand auf ihren Hinterpfoten und versuchte, das Gleichgewicht zu halten, doch sie plumpste unbeholfen in den Schnee. Sie nieste, rappelte sich auf und schüttelte sich kräftig. „Können wir nicht heute schon losgehen?" Sie schlang ihre Pfoten um Mamas Nase.

„Nein, mein Schatz." Ein Stups genügte und Miki purzelte zurück in den Schnee. Die Mutter drückte ihren Kopf gegen Mikis Bäuchlein und das Eisbärenmädchen strampelte und trat mit aller Kraft, um sich zu befreien. „Du bist stark", lobte Mama sie und leckte Miki liebevoll über den Kopf. „Aber wir müssen trotzdem noch hierbleiben. Eure Pfoten müssen sich ans Wandern gewöhnen und eure Haut kennt die eisige Kälte nicht, denn sie hat den Wind noch nie gespürt."

„So schlimm ist es gar nicht", protestierte Miki.

„Heute nicht." Mamas Blick verriet, dass kein Drängen und Betteln, kein Jammern und Winseln ihre Meinung ändern würde. Sie würden weiterhin in der Nähe der Wurfhöhle bleiben, in der Nuka hockte, um sich vor der Welt zu verstecken. Miki knirschte mit den Zähnen. Nein, so hatte sie sich diesen Tag, den sie so sehr herbeigesehnt hatte, wirklich nicht vorgestellt.

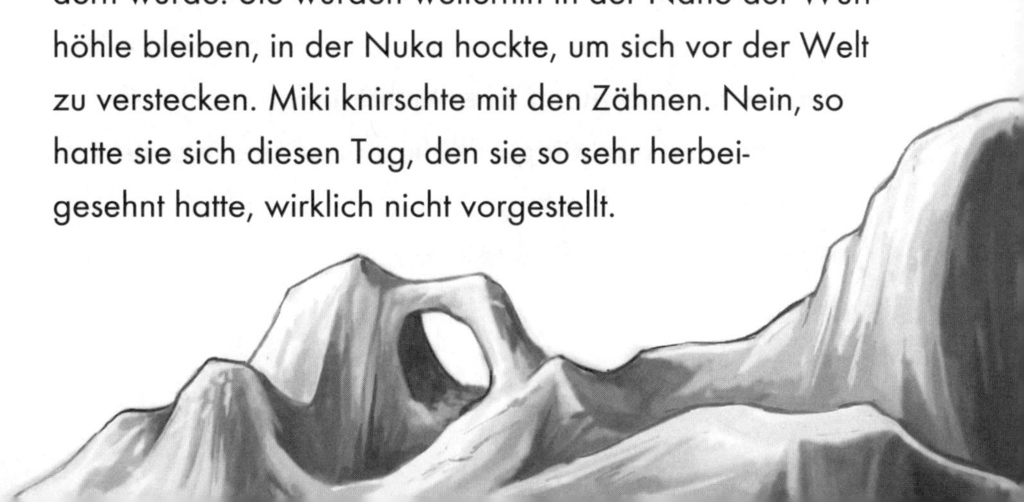

„Nukaaaaa! Nuuuuukaaaaaa! Nuka, Nuka, Nuka! Komm, spielen. Bitte, bitte, bitte." Miki ließ nicht locker. „Bist du ein Eisbär oder ein Angstbär?" Die Worte hallten durch den Gang der Wurfhöhle und bis zu Nukas feinen Ohren. Er knurrte. Leise und doch laut genug, dass seine Schwester es vernehmen konnte. Jetzt wusste sie, dass sie den wunden Punkt ihres Bruders gefunden hatte. Nuka hatte also tatsächlich Angst. Angst vor dem Licht, vor dem Wind, vor der Weite, vor dem Leben.

„Ja, wahrscheinlich ist es ohnehin besser, wenn du in der Höhle bleibst", sagte Miki teilnahmslos. „Hier draußen können nur die stärksten Bären bestehen. Und du ..." Sie machte eine Pause, um ihrem Bruder Zeit zu geben, über ihre Worte nachzudenken. Nuka war nicht schwach. Er war zwar der Jüngere, aber an Kraft war er Miki keineswegs unterlegen und mit der Zeit würde er wachsen, bis er seine ältere Schwester um ein gutes Stück überragen würde. Jetzt aber hinderte Nuka seine eigene Angst daran, diese Stärke zu sehen. Miki witterte das. Sie sah sich nach ihrer Mutter um, die zufrieden in einer Schneemulde lag und die Augen geschlossen hatte.

„Mama und ich gehen auf jeden Fall bald los. Vielleicht noch heute", fuhr Miki fort.

„Stimmt gar nicht", rief Nuka. Es klang, als stünde er jetzt am anderen Ende des Tunnels. „Mama würde mich niemals zurücklassen."

„Bist du dir sicher?", fragte Miki. „Einen Angstbären wie dich kann sie vielleicht nicht brauchen." Sie wartete auf eine Antwort, doch Nuka schwieg. Wenn Miki den Atem anhielt, glaubte sie, sein Herz rasen zu hören. Vielleicht war es aber auch ihr eigenes, schließlich war alles so aufregend. Sie wollte am liebsten einen Schneehügel nach dem anderen erklimmen, um nachzusehen, was dahinterlag. Aber ohne ihren Bruder hatte sie darauf keine Lust.

„Tschüss, Nuka", rief Miki. „Wir gehen jetzt." Das Eisbärenmädchen wandte sich um und stapfte los. Sie kam sich ein bisschen gemein vor, Nuka so anzuschwindeln, aber was hätte sie sonst tun sollen? Sie musste den kleinen Angstbären endlich aus der Wurfhöhle locken.

Plötzlich tauchten in dem Tunnel drei schwarze Punkte auf. Nukas Nase, die auf- und abhüpfte, weil er so heftig schnupperte, und seine Augen, die er vor Schreck weit aufgerissen hatte. „Nein", rief er panisch. „Wartet auf mich! Ich kann laufen und die Sonne macht mir auch nichts aus und ..." Er purzelte aus dem Tunnel, stolperte über seine eigenen Pfoten und blieb benommen im Schnee liegen. Das helle Licht blendete ihn, so wie es auch Miki für kurze Zeit die Sehkraft geraubt hatte. Nuka schnüffelte und Miki sah, wie eine unbändige Neugier durch seinen Körper wuselte. „Riecht nach ... kalt", stellte er fest.

„Ist das nicht herrlich?" Miki hatte keine Geduld mehr. Sie stürzte sich auf ihren Bruder, fixierte ihn mit ihren Vorderpfoten auf dem Boden und biss ihm spielerisch ins flauschige Fell. Nuka quietschte und die Eis-

bärenmutter hob den Kopf, um die beiden Jungen bei ihrem wilden Spiel zu beobachten. Sie wirkte zufrieden, aber ihre Augen ließen die tiefe Erschöpfung erkennen, die die Strapazen der vergangenen Monate hinterlassen hatten. Die Eisbärin riss das Maul weit auf und gähnte. Als Nuka sie aus dem Augenwinkel erblickte, sagte er: „Mama sieht nicht so aus, als wollte sie losziehen. Hast du gelogen?"

„Vielleicht", gab Miki zu.

„Na warte", grummelte Nuka. Er nahm all seine Kraft zusammen und schleuderte Miki in hohem Bogen von sich weg. Das Eisbärenmädchen schnappte nach Luft. Nuka sprang auf sie und zerrte wie wild an ihrem Ohr. „Aua!", quietschte Miki erbost.

„Nicht so grob." Mama schob Nuka mit der Schnauze zur Seite.

„Aber Miki hat ...", begann Nuka und wollte gerade erzählen, dass seine Schwester ihn angeschwindelt hatte, da strömte ihm ein verlockender Duft in die Nase. „Milch", wisperte er, während er sich in das warme Fell seiner Mutter schmiegte. Nuka hatte immer Hunger. In den ersten Wochen hatte er Mamas Zitzen kaum losgelassen und sein Bauch war von der reichhaltigen Milch kugelrund geworden. Plötzlich spürte auch Miki, wie hungrig sie das Spielen gemacht hatte. Gierig schnüffelten die beiden Eisbärenkinder nach den Zitzen der Mutter. Miki wurde als Erste fündig und saugte kräftig daran. Ein Schluck warmer, fetthaltiger Milch strömte in ihren Mund und ein wohliges Gefühl breitete sich in ihr aus. Es schmeckte nach Geborgenheit und Miki hätte schwören können, dass ihr niemals etwas Schlimmes widerfahren konnte, wenn sie nur ganz nah bei ihrer Mama blieb. Sie passte auf, dass es Miki gut ging. Ganz müde wurde das Eisbärenmädchen auf einmal und es fragte sich, wie sie jemals bis zum Meer gelangen würden, wenn schon eine Stunde hier draußen so anstrengend war.

„Bald geht es los", sagte ihre Mama mit leiser Stimme, als könne sie Mikis Gedanken lesen. „Bald machen wir uns auf den Weg zum Meer." Da begann es in Mikis Pfoten fürchterlich zu kribbeln. Das Eisbärenmädchen spürte es ganz genau: Sie war eine Wanderin und wollte endlich loslaufen, der Unendlichkeit entgegen.

Sturm

Miki duckte sich. Sie machte sich so klein, dass sie glaubte, jeden Moment mit dem eisigen Untergrund zu verschmelzen. Es war kalt. Oh, es war so kalt, und das, obwohl Mama versprochen hatte, dass der Frühling angebrochen war und sie sich nun auf den Weg machen konnten. Wie hoch war Mikis Herz an jenem Tag gesprungen, als sie endlich losgegangen waren. Sie hatten die Wurfhöhle hinter sich gelassen, um sich auf diese Reise zu machen, die niemals enden würde. Plötzlich aber war der Winter zurückgekehrt und mit ihm ein erbarmungsloser Wind. Er zauste Mikis Fell und riss an ihren Beinen, dass sie fürchtete, fortgeweht zu werden. Unaufhörlich peitschten Schneeflocken in ihre Augen und raubten ihr die Sicht. Das Eisbärenmädchen ertappte sich bei einem Wunsch, der mit jedem Schritt größer wurde. Sie wollte zurück in die warme Höhle. Zurück in ein Zuhause, das es für sie nicht mehr gab.

„Ist es noch weit?", hörte Miki ihren Bruder neben sich fragen. Nuka ließ sich erschöpft auf den Po plumpsen. „Meine Pfoten sind so müde. Und meine Ohren frieren und hungrig bin ich auch." Obwohl die Eisbärenfamilie erst vor wenigen Augenblicken eine Pause eingelegt hatte, damit die beiden Jungen sich satt trinken konnten, grummelte es in Nukas Bauch.

„Ja, es ist noch weit." Mama schob ihre Nase unter Nukas Körper, um ihm wieder auf die Beine zu helfen. „Wir müssen gehen. Kommt! Wer stehen bleibt, den holt der Winter. Nur wer geht, erreicht den Frühling. Nur wer geht, überlebt."

Miki verstand nicht, was Mama damit meinte. Sie verstand überhaupt nichts mehr. Noch vor wenigen Tagen hatten die feinen Eiskristalle sie so sehr in der Nase gekitzelt, dass sie niesen musste. Jetzt fühlten sie sich an wie die Zähne eines Raubtiers, die sich in Mikis Haut bohrten. Noch vor wenigen Tagen hatte sie mit ihrem Bruder vor der Höhle herumgetollt und Miki hatte sich gefühlt, als sei sie die stärkste Eisbärin der Welt. Die Spaziergänge, die Mama mit ihnen jeden Tag unternommen hatte, waren immer länger geworden und

Miki war so stolz gewesen. Stolz auf ihre eigene Kraft und darüber, dass sie die Welt eroberte.

„Wir müssen aufbrechen", hatte Mama das fröhliche Spiel der beiden Eisbärenkinder eines Tages unterbrochen.

„Warum?", hatte Nuka gefragt. „Warum müssen wir gehen? Hier ist es doch schön, findest du nicht, Mama?"

„Natürlich ist es schön", hatte Mama geantwortet. „Aber wir müssen gehen, um zu fressen."

Fressen. Nuka hatte einen Luftsprung gemacht und sich gefreut, aber Miki hatte gezögert. Sie hatten doch genug zu fressen. Mama machte das Fressen. Gute, süße, fettige Milch, die so herrlich schmeckte. Jeder Schluck fühlte sich an, als ginge die Sonne in Mikis Bauch auf. Aber Mama hatte nicht lockergelassen und die Kinder angetrieben. „Es wird Zeit, dass auch ich wieder etwas zu fressen bekomme." Da erst war Miki aufgefallen, dass Mama während der vielen Tage in der Wurfhöhle kein einziges Mal gefressen oder getrunken hatte. War sie etwa gar nicht hungrig gewesen? Wochenlang ohne Nahrung zu sein, konnte sich Miki beim besten Willen nicht vorstellen. Wie hatte Mama das bloß ertragen?

„Ihr seid nun groß genug und der Frühling ist da",

hatte die große Eisbärin weiter erklärt. „Eure erste Reise erwartet euch. Atiqtuq, der Gang der Bären zum Meer. Denn ich muss nach diesem langen Winter zum ersten Mal wieder auf die Jagd gehen."

Eine Reise mit einem so wunderschönen Namen. Atiqtuq. Wie aufregend das geklungen hatte. Das Kribbeln war in Mikis Pfoten zurückgekehrt, stärker als je zuvor. „Mama sagt, ich bin groß", hatte sie bei sich gedacht und war von tiefem Stolz erfüllt worden. Miki, dieser Name bedeutete eigentlich „klein", aber das sollte sie nicht länger sein. Aus der kleinen Miki war ein großes Eisbärenkind geworden. Eines, das auf Wanderung gehen durfte.

„Wohin geht unsere Reise denn, Mama?", hatte Nuka gefragt, als habe er alles vergessen, was die Eisbärenmutter ihnen in den letzten Wochen so oft erzählt hatte.

„Ans Meer natürlich, mein Dummerchen."

Ans Meer. Miki wusste immer noch nicht, was dieses Meer war, aber schon das Wort weckte in ihr eine unbändige Sehnsucht. Es klang nach Weite, nach Freiheit und nach Abenteuer. Dann waren sie aufgebrochen, hinaus in diese endlose weiße Welt, die von der Frühlingssonne mit einem fröhlichen Glitzern überzogen worden war.

Jetzt aber war alles anders. Sie quälten sich durch einen Sturm, für den Eisbärenkinder wie Miki und Nuka nicht gemacht waren. Miki wurde plötzlich klar, dass sie kämpfen musste. Gegen den Winter und gegen das Gefühl in ihrem Herzen, das mit jeder Windböe stärker wurde.

„Du bist zu klein", sagte das Gefühl. „Du wirst das Meer niemals sehen."

Überleben. Langsam begann Miki zu begreifen, was Mama damit meinte. Es gab noch etwas anderes als das Leben. Da draußen wartete etwas darauf, die Eisbärenjungen mit sich zu nehmen. Es streckte seine Fänge nach ihnen aus, bereit, sie mit sich zu ziehen an einen Ort, der noch viel kälter war als diese Welt. Ja, es gab den Tod. Miki schluckte. Sie würgte den Schnee hinunter, den der Wind in ihr Maul geweht hatte, und mit ihm all die Zweifel an ihrer eigenen Stärke.

„Komm, Nuka!" Sie stupste ihren Bruder mit dem Kopf an, so wie Mama es gerade gemacht hatte. Unbeholfen taumelte der Eisbärenjunge ein paar Schritte weiter, dann blieb er wieder stehen. Seine Beine zitterten, ob vor Angst oder Erschöpfung, konnte Miki nicht erkennen.

„Sollen wir etwas spielen?" Sie drückte sich an ihren Bruder, damit er wieder in Bewegung kam.

„Was denn?", jammerte der Eisbärenjunge.

„Ich sehe was, was du nicht siehst, und das ist ..." Miki sah sich um. Ihr Blick reichte kaum drei Eisbärenlängen weit und alles, was sie erkennen konnte, war weiß. Die Luft und der Boden. Selbst Mamas und Nukas und auch ihr eigenes Fell wirkten in dieser Umgebung weiß, obwohl die einzelnen Haare eigentlich durchsichtig waren.

„Das ist ein blödes Spiel", beschwerte sich Nuka. „Ich will zurück in unsere Höhle. Ich will in unserem Spielzimmer von einer Ecke in die andere flitzen. Ich will, dass Mama uns noch ein Zimmer neben der Schlafkammer gräbt. Ein Purzelbaumzimmer. Ja, das wäre schön." Nuka stieß bei dem Gedanken ein herzzerreißendes Quieken aus. Der Wind aber erfasste sein Weinen und riss es mit sich, als mache er sich über den Wunsch des Eisbären lustig.

„Kommt, Kinder!", rief Mama in diesem Moment. „Wenn ihr dicht hinter mir bleibt, müsst ihr nicht so stark gegen den Sturm ankämpfen."

Miki senkte den Kopf und beschleunigte ihre Schritte. Sie war froh, dass Mama bei ihr war. Mama wusste, was zu tun war. Sie kannte den Weg zum Meer, obwohl das Schneetreiben immer heftiger tobte. Wieder und wieder hob die Mutter ihre Nase und schnupperte.

„Der Sturm wird noch stärker werden", stellte sie beunruhigt fest.

Prüfend sog Miki die Luft ein. Es roch kalt, nach Eis und nach etwas, das Miki nicht zuordnen konnte und das sie dennoch zu rufen schien. War es das Meer, dessen Duft so unwiderstehlich, so salzig und süß zugleich war?

„Es ist zu gefährlich. Wir müssen Schutz suchen", beschloss Mama. Miki hörte die Sorge in ihrer Stimme und sie sah die Müdigkeit in ihren Augen.

„Bist du hungrig?", fragte Miki und leckte ihrer Mutter über die Schnauze.

„Hungrig? Ja, ich bin hungrig! Ich, ich, ich!" Nuka schien all seine Furcht und die quälende Erschöpfung vergessen zu haben. „Darf ich trinken, Mama? Bitte, bitte!" Er schubste seine Schwester zur Seite, um unter seine Mutter zu kriechen.

„Nicht jetzt! Wir müssen noch ein Stück gehen." Mama knurrte und zog die Lefzen nach oben. Nuka wich schnell zurück. Selbst er wusste, wann er zu weit gegangen war, und jetzt war dieser Moment erreicht. Mama hatte keine Lust auf einen lästigen Nuka, der an ihren Zitzen zerrte.

„Hier!", sagte Mama, als sie eine besonders hohe Schneewehe erreichten. „Das ist ein guter Platz."

„Wofür?", wollte Miki wissen, aber sie erhielt keine Antwort. Die Eisbärenmutter schwieg und grub. Sie grub und grub, bis eine tiefe Mulde auf der windgeschützten Seite der Schneewehe entstanden war. Erst dann zeigte sich auf ihrem Gesicht so etwas wie Erleichterung. „Hier sind wir geschützt. Legt euch hinein und kuschelt euch an mich. Der Schnee wird uns bedecken und morgen ... Ja, wenn wir Glück haben, dann ist der Sturm morgen vorbei." Die Eisbärin stieß ein Seufzen aus, das getragen wurde von ihrer Erschöpfung. Sie musste sich ihre verbleibenden Kräfte gut einteilen, wenn sie sicher ans Ziel kommen wollten.

Nuka sprang in die Mulde und rollte sich zusammen. „So, Mama?"

„Genau so, mein Schatz."

„Aber ich dachte, wir wollten zum Meer", warf Miki ein. Sie rührte sich nicht, starrte dorthin, wo eigentlich der Horizont sein sollte und wo ein Vorhang aus dichten Wolken die Sicht versperrte. „Ich dachte, wir müssen gehen, um den Frühling zu erreichen." Miki versuchte, in der Ferne etwas zu erkennen, aber es war vergeblich. Dem Eisbärenmädchen kam es vor, als seien die Wolken vom Himmel gefallen und hätten alles gestohlen.

Die große Weite des Eises, den Weg zum Meer und den Beginn der warmen Jahreszeit.

„Ich habe mich geirrt", gab Mama zu. „Wir müssen eine Pause machen. Bei diesem Wetter schaffen wir es nicht. Bitte, Miki. Leg dich zu uns. Es ist unsere einzige Chance auf einen weiteren Tag." Mama klang so müde. Die Strenge in ihrer Stimme war einer zitternden Verzweiflung gewichen, und obwohl Miki nicht verstand, warum Mama ihre Meinung so plötzlich geändert hatte, gehorchte sie.

„Können wir nicht noch ein bisschen weiter nach dem Meer suchen?", fragte sie, als sie ihren Kopf in Mamas Fell kuschelte. Der Geruch von Milch zog ihr in die Nase und sie hörte Nuka genüsslich schmatzen. „Nur noch ein bisschen suchen, Mama. Damit du auch etwas fressen kannst." Erst jetzt merkte Miki, wie sehr ihre Pfoten von dem langen Marsch brannten und wie groß das Loch in ihrem Magen war.

„Nein, Miki. Heute bleiben wir hier", hörte sie Mama noch sagen, dann hatte das Eisbärenmädchen endlich eine Zitze gefunden. Sie begann so gierig zu trinken, dass sie die Welt um sich herum völlig vergaß.

Menschen

Schwarz. Als Miki ihre Augen aufschlug, umhüllte sie eine tiefe Dunkelheit. Kurz dachte sie, sie liege neben Mama und Nuka in der Wurfhöhle und die Erlebnisse der vergangenen Tage seien nichts weiter als ein düsterer Traum gewesen. Nur das schwere Gefühl in ihren Pfoten war ein unverkennbares Zeugnis, dass sie die mühsame Wanderung tatsächlich erlebt hatte. Miki hob den Kopf und plötzlich bekam das Schwarz Risse. Die Dunkelheit brach auseinander und das Licht eines neuen Tages bahnte sich seinen Weg zu ihr. Jetzt erst begriff das Eisbärenmädchen, dass sie warm eingepackt unter einer dicken Schneedecke lag. Das Unwetter musste die ganze Nacht gedauert haben.

Miki strampelte und je mehr sie sich bewegte, desto brüchiger wurde die Schicht, die der kleinen Familie Schutz vor dem tosenden Sturm geboten hatte.

Blau. Oh, wie blau der Himmel über ihr war. Miki stieß ein vergnügtes Quietschen aus. Sie fühlte sich ausgeruht und am liebsten wäre sie sofort losgetrabt, um das Meer zu erobern. Für sich selbst und auch für Nuka, aber vor allem für ihre Mama. Von der Angst des vergangenen Tages war nicht mehr geblieben als eine trübe Erinnerung, deren Schatten von den morgendlichen Sonnenstrahlen endgültig verjagt wurden.

„Nuka!", rief Miki. „Wach auf! Die Sonne scheint und es ist so warm, dass sich der Winter bestimmt nie wieder aus seinem Versteck traut."

Dort, wo Nuka unter dem Schnee vergraben lag, rührte sich etwas. Die schwarzen Ballen einer kleinen Eisbärentatze tauchten auf, dann folgte Nukas Nase. Miki leckte ihm zur Begrüßung über das Gesicht.

„Guten Morgen, kleiner Bruder! Lass uns spielen gehen." Voller Freude lief Miki im Kreis. Nuka gähnte verschlafen.

„Ich will aber frühstücken."

„Ach was ... Mama soll sich noch ausruhen. Wir könnten in der Zwischenzeit schon mal das Meer suchen. Vielleicht versteckt es sich hinter dem Hügel dort drüben. Oder hinter dem." Miki sah von einer Schneeverwehung zur anderen und konnte sich gar nicht entscheiden, auf welche sie zuerst klettern wollte.

„Nein. Ich will zuerst Frühstück!“ Nuka blieb stur und vergrub seinen Kopf wieder im Schnee, um sich auf die Suche nach Mamas Zitzen zu machen.

„Du bist langweilig. Und ein Angstbär. Du bist der langweiligste und ängstlichste Bruder, den man sich vorstellen kann“, schimpfte Miki.

„Gar nicht wahr!“ Nuka richtete sich ruckartig auf und sah seine Schwester beleidigt an.

„Und warum denkst du dann nur ans Fressen?“

Nuka rümpfte die Nase. „Mama sagt, Fressen ist wichtig für kleine Eisbären, damit sie groß werden. Kein Wunder also, dass du so klein bist ...“

Das hatte gesessen! Hatte Nuka sie gerade klein genannt? Miki nahm eine Angriffsposition ein und stieß ihr tiefstes Knurren aus. „Das traust du dich nicht noch einmal!“

„Was? Dir zu sagen, dass du klein bist? Aber das bist du doch und du wirst es für immer bleiben. So ist das eben, wenn man ein Mädchen ist.“

„Auch Mädchen können groß werden!“, protestierte Miki. Sie war bereit, ihm an die Kehle zu springen. Ja,

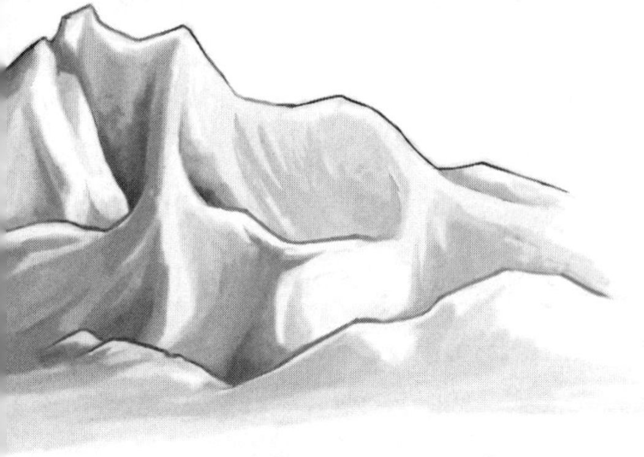

sie würde ihn von seinen kurzen Beinen werfen und sein Gesicht in den Schnee drücken, bis er um Gnade winselte.

„Aber du wirst niemals so groß sein wie ich, wenn ich erst einmal erwachsen bin." Nuka krabbelte aus der Mulde heraus. Er schien seinen Hunger plötzlich vergessen zu haben und blickte seine Schwester kampflustig an. „Weil Eisbärenjungen eben viel, viel größer werden als Eisbärenmädchen."

„Aber bei mir ist das anders." Miki schnaubte vor Wut. „Ich werde groß. Viel größer als du."

Nuka schüttelte sich. „So ein Unsinn. Das geht nicht."

„Und ob!" Miki zeigte ihre spitzen, kleinen Zähne. Sie stemmte ihre Tatzen in den Boden und stieß sich kraftvoll ab. Mit voller Wucht prallte sie gegen ihren Bruder. Er taumelte, versuchte, sich gegen die Attacke zu wehren, aber Miki war zu stark. Sie riss ihn um, presste ihre Pfoten auf seinen Bauch und drückte seinen Kopf mit ihrer Stirn in den Schnee. Nuka röchelte. Er wollte sich befreien, aber der Griff seiner Schwester war erbarmungslos. Noch war der Größenunterschied zwischen den beiden nicht so groß, wie er später einmal sein würde, und Miki wusste ihre Kraft gezielt einzusetzen. Irgendwann würde Nuka etwa dreimal so viel wiegen wie seine Schwester und sie um ein gewaltiges Stück überragen. Dann würde Miki kaum eine Chance gegen ihn haben. Noch aber konnte sie ihm zeigen, wer das Sagen hatte, wenn Mama gerade nicht hinsah.

„Was macht ihr denn da?"

Miki ließ sofort von Nuka ab, als sie die Stimme ihrer Mutter hinter sich hörte.

„Miki war gemein!", rief Nuka. „Sie hat mich nicht losgelassen, obwohl ich keine Luft bekommen habe, und außerdem ..."

„Das Spielen macht dich stark." Mama leckte Nuka den Schnee von der Nase.

„Es war aber kein lustiges Spiel." Der Eisbärenjunge vergrub sein Gesicht im Fell der Mutter, um sich vom süßen Geschmack der Milch trösten zu lassen. Auch Miki stillte eilig den Hunger, den der Kampf gegen ihren Bruder in ihrem Magen hinterlassen hatte.

Nach dem Frühstück brachen sie auf. Miki beobachtete ihre Mutter, wie sie in alle Richtungen blickte, sich im Kreis drehte und dabei konzentriert schnüffelte. Die kleine Eisbärin hätte zu gern gewusst, wonach Mama suchte, denn sie erkannte keinen Unterschied. Vorne hätte hinten sein können und links genauso gut rechts. Wie trifft man eine Entscheidung, wenn alles so gleich aussieht? Mama wusste es und ging voran.

„Kommt. Das ist der richtige Weg."

„Weg. Wir haben einen Weg", brummte Nuka fröhlich und sah sich dabei so verträumt um, dass er gar nicht merkte, wie weit er bereits hinter Mama zurückgeblieben war.

„Sei still und lauf weiter." Miki schubste ihren Bruder ungeduldig vorwärts.

„Mama, Miki drängelt schon wieder. Seit wir aufgebrochen sind, tappt sie mir auf die Pfoten und drückt mir ihren Kopf in den Po."

„Das freut meine Nase noch viel weniger als deinen Po", erwiderte Miki. „Aber wenn ich dich nicht ständig schubse, kommen wir nie ans Meer."

„Gar nicht wahr!"

„Doch wahr!"

„Hört auf zu streiten. Für jeden Schritt braucht ihr eine Portion Energie. Morgens ist es noch eine kleine, aber je weiter die Sonne über den Himmel gezogen ist, desto mehr Kraft kostet es, die Pfoten zu heben. Also bleibt in meinen Spuren und ärgert euch nicht gegenseitig."

„Müssen wir schon wieder den ganzen Tag laufen?", maulte Nuka. „Immer laufen."

„Ja, aber du hast Glück. Die Tage sind noch kurz und es bleiben uns nur wenige Stunden für die Wanderung", sagte Mama, ohne stehen zu bleiben. „Deshalb müssen wir die Zeit umso besser nutzen. Die Jagd ruft."

Nuka blieb stehen und lauschte gebannt. „Ich höre aber gar nichts."

„Komm näher", sagte Mama und Nuka musste seinen Kopf gegen ihren Bauch drücken.

„Der knurrt noch viel lauter als du!", stellte er verwundert fest.

„Und deshalb müssen wir uns beeilen", bekräftigte Mama.

Die Jagd. Miki wusste, dass hinter diesem Wort große Bedeutung steckte und dass diese Jagd irgendetwas mit dem Meer zu tun haben musste. Sie hätte es so gern verstanden, aber sie musste sich gedulden und Geduld zu haben, fand das Eisbärenmädchen furchtbar schwierig. Viel schwieriger noch, als mit Mama Schritt zu halten.

Die Sonne zog in einem flachen Bogen über den wolkenlosen Himmel. Miki war neidisch auf sie. Ihr Weg schien so leicht zu sein. Während Miki ihre Tatzen mühevoll heben musste, schien der glühende Ball dort oben von einer unsichtbaren Kraft angetrieben zu werden. Miki wünschte sich, sie könnte etwas davon abbekommen, und merkte dabei nicht, dass die Sonne ohnehin ihre Wärme mit der Eisbärenfamilie teilte.

„Es riecht gut", stellte Nuka irgendwann fest.

„Es riecht nach Essen", antwortete Mama. „Nach Fisch und nach Robbe."

„Schmeckt das gut? Dieses Fisch und Robbe?", wollte Nuka wissen.

„Sie schmecken nicht nur gut, sondern wunderbar. Nach süßem Fett, nach Hoffnung und nach Leben", sagte Mama. Da hob auch Miki ihr Näschen und schnupperte neugierig. Es war, als erzählte ihr die klare Luft eine Geschichte vom Meer und seinen Bewohnern, von der Beute, die Mama bald jagen und die Miki zum ersten Mal kosten würde, und von ...

„Mama, wonach riecht es denn noch? Es stinkt und sticht in meiner Nase." Miki schüttelte sich so heftig, dass sie beinahe umgefallen wäre. Die Schritte der

Eisbärenmutter wurden langsamer. Zögerlich blieb sie stehen, aber es war nichts zu entdecken. Sie wusste allerdings, dass das nicht viel zu bedeuten hatte. Denn das, was diesen beißenden Geruch verströmte, bewegte sich schnell und konnte jeden Moment zwischen den Hügeln hervorkommen.

„Menschen", murmelte sie. Wachsamkeit blitzte in ihren Augen.

„Gehören Menschen auch zum Meer? Oder zur Jagd?", fragte Nuka.

„Nein, mein Schatz. Die Menschen sind gefährlich und wir müssen einen großen Bogen um sie herummachen." Die Mutter sah sich suchend um. „Ich bin mir trotzdem sicher, dass wir auf dem richtigen Weg sind."

„Ja?", fragte Miki.

„Ja", antwortete Mama und ging weiter.

Fisch und Robbe. Salz und Eis. Meer und Mensch. Mit jedem Schritt verschwammen die Düfte stärker ineinander und Miki spürte ihre Aufregung wachsen. „Ist es noch weit?"

„Nein, bald sind wir da. Nur noch über diese Hügel, dann sehen wir das Meer", versprach Mama.

„Hoch hinauf und wieder runter, das macht kleine Eisbären munter“, sang Nuka und lief so dicht hinter Mama den Hang hoch, dass er mehrmals gegen ihre Hinterpfoten stieß. Miki musste sich beeilen, um den Anschluss nicht zu verlieren. Als sie oben angekommen war, wusste sie nicht, wohin sie zuerst blicken sollte. Hinaus in die Weite, die sich bis zum Horizont erstreckte, oder auf

die eigenartigen Gebilde, die unter ihnen eng an die Hügel geschmiegt standen? „Was ist das, Mama?", wollte sie wissen.

„Das dort hinten ist das Meer und da unten ist eine Menschensiedlung." Mama seufzte und Miki begriff, dass auch das nicht Teil des Plans gewesen war. Die Menschensiedlung stand ihnen im Weg, obwohl ihr Ziel zum Greifen nah war.

„Schau, Mama! Das Meer frisst die Sonne auf", jaulte Nuka plötzlich. Miki stellte mit Entsetzen fest, dass ihr Bruder recht hatte. Die Sonne hatte sich rot verfärbt und verschmolz langsam mit dem, was Mama als Meer bezeichnet hatte, eine endlose weiße Fläche gefrorenen Wassers. Mama schien davon jedoch nicht beeindruckt zu sein.

„Keine Sorge", tröstete sie die Kinder. „Morgen kommt sie zurück und schenkt uns einen neuen Tag. Doch bis dahin müssen wir aufpassen, dass uns die Menschen nicht bemerken."

Miki sah, wie es in den Höhlen dieser Menschen hell wurde, während das Licht um sie herum schwand und die Dunkelheit seinen Platz einnahm. „Mama, die Menschen haben ein Stück der Sonne eingefangen!", rief sie. „Kann sie dann morgen wirklich wiederkommen?"

Beruhigend leckte Mama ihr über das Fell. „Keine Sorge. Die Menschen haben ihre eigenen Sonnen. Allerdings bauen sie knallende Stöcke, mit denen sie beißen können. So fest, dass sie weit weg stehen und dich trotzdem töten können."

„Ich will nicht gebissen werden. Nicht von Miki und von Menschen schon gar nicht." Nuka knurrte ängstlich und die Haare in seinem Nacken stellten sich auf.

„Von Miki wirst du wohl noch oft gebissen werden, doch die Menschen, die werden dich nicht erwischen. Dafür sorge ich." Im letzten Licht des Tages grub Mama eine Mulde in den Schnee, die ihnen als Quartier für die Nacht dienen sollte. „Wir werden morgen einen Bogen um die Menschensiedlung machen müssen."

„Aber dann dauert es ja noch länger, bis wir zum Meer kommen. Können wir nicht einfach zwischen ihren Höhlen durchlaufen? Sie sehen sehr friedlich und hübsch aus."

„Nein, Miki. Lass dich niemals von den Menschen täuschen. Sie sind gefährlich. Wir können nicht durch ihre Siedlung laufen, egal wie hungrig wir sind." Miki hörte, was Mama sagte, aber sie verstand es nicht. Menschen, die mit lauten Stöcken bissen, das konnte sich das Eisbärenmädchen beim besten Willen nicht vorstellen.

„Gibt es noch andere Gefahren als die Menschen?" Nukas Stimme zitterte. Von dem Dorf am Fuß des Hügels drangen eigenartige Geräusche. Da brummte und dröhnte es, man hörte Stimmen, tiefe und helle, wütende und fröhliche. Es war eine Mischung aus unzähligen fremdartigen Lauten, die Mikis Ohren zum Klingeln brachten.

„Für kleine Eisbären gibt es tatsächlich viele Gefahren", begann Mama, und während Miki und Nuka die Augen schlossen, erzählte sie von Wölfen und von großen, männlichen Eisbären, die keine Jungen in ihrer Nähe duldeten.

„Und was machen diese großen Eisbären dann?", fragte Nuka gähnend.

„Sie töten", wisperte Mama ganz leise. Miki aber hatte sie dennoch gehört. Sie sah ihren Bruder an, dessen Brustkorb sich gleichmäßig hob und senkte. Auch er würde eines Tages ein großer männlicher Eisbär sein. Miki verjagte die dunklen Gedanken, die sich anzuschleichen versuchten. Nein, Nuka würde bestimmt niemals Eisbärenkinder töten. Nicht ihr ängstlicher Bruder.

Teilen

Sie hatten einen Umweg gehen müssen, um den Menschen nicht zu begegnen. Mamas Kopf hing tiefer als in den Tagen zuvor, ein Zeichen ihrer schwindenden Kraft. Schweigend stapften sie hintereinander über das endlose Eis. Miki wusste, dass sie sich anders entschieden hätte. Sie wäre durch die Menschensiedlung gegangen und direkt zum Meer. Das wäre so viel einfacher gewesen und Mama wäre längst satt. Jetzt aber wanderten sie immer noch umher, auf der Suche nach einem jener Löcher in der Eisschicht, die die Robben nutzten, um zum Atmen an die Oberfläche zu kommen.

„Dort drüben", stieß Mama irgendwann aus. Viele Stunden waren vergangen, aber jetzt hatte sie tatsächlich ein Atemloch im Eis entdeckt. Ihre Nase bewegte sich hüpfend auf und ab. Sie schien etwas zu wittern. Irgendwo im tiefschwarzen Wasser schwamm etwas. Auch Miki roch es und begriff, dass sich all die Strapazen gelohnt hatten. „Ihr wartet dort hinten", befahl Mama und drängte die zwei Eisbärenkinder in einen Spalt im Eis, der in sicherer Entfernung zum Atemloch lag.

„Ich will bei dir bleiben", jammerte Nuka.

„Aber ich muss jagen", knurrte Mama ungeduldig.

„Wir können dir helfen", schlug Nuka vor. Er presste die Zähne zusammen und hob drohend die Lefzen, um zu zeigen, wie ernst er es meinte. Mama jedoch stieß ihn ungeduldig von sich. Sie hatte keine Zeit zum Spielen.

„Ihr bleibt hier und rührt euch nicht. Jedes Geräusch, jede Bewegung könnte die Robbe verjagen. Also seid still." Sie meinte es ernst. Todernst. Miki konnte es nicht nur hören, sondern auch spüren, in jedem einzelnen Härchen ihres dichten Fells.

„Aber warum denn, Mama?" Nuka schien den Ernst der Situation nicht zu begreifen. „Du bist doch bestimmt viel stärker als diese Robbe."

„Es geht nicht immer nur um Stärke. Die Jagd erfordert Glück und Geschick, aber sie verlangt vor allem eins: Geduld. Nur wer Geduld hat, wird satt." Ohne sich noch einmal nach ihren Jungen umzudrehen, marschierte sie los. Eine Pfote vor die andere setzte sie. Die dichten Haare auf ihren Fußsohlen sorgten dafür, dass sie auf dem blanken Eis nicht ausrutschte. Dann war sie am Atemloch der Robbe. Regungslos stand sie da, während Miki vorsichtig aus ihrem Versteck linste. Gleich würde es passieren. Gleich würde die Robbe auftauchen und Mama würde sie schnappen und endlich etwas zu fressen haben. Doch nichts geschah. Geduldig verharrte die Eisbärin vor dem Loch und beobachtete, was in dem dunklen Wasser vor sich ging.

„Wie lange dauert das?", quengelte Nuka. „Ich mag Milch haben."

„Sei still", zischte Miki, obwohl sie selbst schon ungeduldig wurde. Wie lange konnte diese Robbe wohl die Luft anhalten? Vielleicht hatte sie ja mehrere Atemlöcher oder nutzte dieses hier gar nicht mehr. Allerdings würde das bedeuten, dass Mama umsonst wartete. Miki grübelte und grübelte, und während sie eng an ihren Bruder gekuschelt im Schnee lag, wurden ihre Augen schwer vom vielen Denken.

Etwas stieß sie zur Seite. Unsanft, ungeduldig, auffordernd. Was war passiert?

„Wir müssen weiter." Es war die Stimme ihrer Mutter, die Miki endgültig aus dem Schlaf riss. Sie streckte sich und versuchte, sich zu erinnern, was passiert war. Die Robbe! Miki sah sich um, blickte Mama an, aber ihre Augen waren so müde wie zuvor.

„Hast du die Robbe gefangen?", fragte Nuka schlaftrunken.

„Nein." Mamas Antwort durchschnitt die kalte Luft und jagte Miki einen eisigen Schauer über den Rücken. „Sie war schneller als ich."

„Schneller als duuuuu?" Nukas Augen wurden groß vor Verwunderung.

„Ja", bestätigte die Mutter, während sie Nuka noch einmal mit der Nase anstieß. „Wir müssen weiter. Vielleicht haben wir anderswo mehr Glück."

Miki ärgerte sich über sich selbst. Warum war sie eingeschlafen? So gern hätte sie gesehen, was passiert war. Irgendetwas musste schiefgegangen sein. Mama war bestimmt die beste Jägerin am ganzen Nordpol. Warum also war ihr diese Robbe entwischt?

Der Hunger peitschte die Eisbärenmutter über das Eis und die Jungen folgten ihr artig. Immer wieder blieb sie stehen, drehte den Kopf und analysierte die Luft mit ihrer feinen Nase. Sie wirkte zögerlich, überlegte, sah ihre

Kinder an und fasste dann offensichtlich einen Entschluss. Miki aber verstand das Verhalten ihrer Mutter nicht. Sosehr sie auch schnupperte, sie hatte keine Ahnung, was all die Gerüche zu bedeuten hatten. Es roch nach Eisbären und nach ... Nein, Miki hatte einfach keine Worte für das, was sie witterte. Mama aber wusste offensichtlich, womit sie es zu tun hatten. Aus ihren zögerlichen Schritten wurden entschlossene. Schneller und schneller trabte sie voran und die Kinder hatten Mühe, ihr zu folgen.

„Wohin gehen wir?", fragte Miki keuchend. „Riecht es etwa nach anderen Bären? Mama!" Miki lief ein wenig schneller, um ihre Mutter einzuholen. „Hast du nicht gesagt, andere Eisbären seien gefährlich? Vielleicht sollten wir besser umkehren? Warum sagst du denn nichts?"

Eine Antwort war jedoch nicht mehr nötig. Die Eisbärin war abrupt stehen geblieben. Sie zog das Kinn zum Körper und senkte ihre Schultern. Ihre ganze Erscheinung schien zu rufen: Tu mir nichts! Miki spähte zwischen den Beinen ihrer Mutter hindurch und zuckte im selben

Moment erschrocken zusammen. Andere Bären. Ein großer und zwei kleine. Eine Mutter und ihre beiden Jungen standen dort. Ihr Fell war rot gefärbt von dem Blut des imposanten Wesens, dessen Speck sie mit ihren Zähnen Streifen für Streifen von den Knochen ablösten. Es war Beute. Miki spürte, wie ihr der Speichel im Mund zusammenlief, so verlockend roch es. Die fremde Eisbärin hob den Kopf. Sie knurrte, um zu zeigen, dass es ihr Jagderfolg war, der hier auf dem Eis lag.

„Ich weiß." Mama machte einen zaghaften Schritt zur Seite. „Aber ich bin so hungrig."

Die andere Eisbärin stieß einen zischenden Laut aus, während sie die Zähne tief in das Fleisch ihrer Beute grub. „Wir sind zuerst dran." Gierig schlang sie den Bissen hinunter. Ihre Jungen taten es ihr gleich. Mama stand wie angewurzelt da und wartete genauso geduldig wie vorhin am Atemloch der Robbe.

„Was ist das für eine Beute?", fragte Nuka leise.

„Ein Walross“, erwiderte die Mutter und die Art und Weise, wie sie dieses Wort betonte, machte klar, dass es sich dabei um etwas Besonderes handelte. Die fremde Eisbärin musste eine gute Jägerin sein. Miki versuchte, den Gedanken zu verscheuchen, aber er wollte einfach nicht weichen: Die fremde Eisbärin war vermutlich eine bessere Jägerin als ihre eigene Mutter. Während sie hier abseits warteten, schlugen sich die Jungen der anderen Bärin bereits den Magen voll. Wer gut jagt, darf fressen. Wer frisst, darf leben und irgendwann selbst eine gute Jägerin werden. Miki begriff, dass das ihr einziges Ziel in diesem Leben sein musste, wenn sie überleben wollte. Als sie der anderen Familie beim Fressen zusah, fasste sie einen Entschluss: Miki wollte die beste, die geduldigste und schlauste Jägerin am ganzen Nordpol werden. Sie brauchte nur ein bisschen Glück, damit ihr das eines Tages gelingen konnte.

Plötzlich setzte sich Mama in Bewegung. Sie näherte sich dem Walross und diesmal schien die fremde Bärin nichts dagegen zu haben. Für einen kurzen Moment hob sie den Blick, doch mittlerweile schien ihr Magen so gut gefüllt zu sein, dass sie bereit war zu teilen.

Mama begann zu fressen. Gierig riss sie das Fleisch von den Knochen. Nuka tat es ihr nach. „Mhmmm", machte er genüsslich. „Sooo süß."

Die besten Stücke hatte zwar die andere Bärin für sich beansprucht, aber das spielte nun keine Rolle. Fressen war Fressen. Auch Miki kostete, ohne die andere Familie dabei aus den Augen zu lassen. Die zwei fremden Eisbärenkinder waren Jungen. Einer war deutlich größer als der andere und stark. Er hatte wache Augen, in denen ein Funke blitzte, so hell wie die Sonne am Himmel.

Als der Eisbärenjunge Mikis Blick bemerkte, sagte er: „Meine Mama ist die beste Jägerin weit und breit." Er klang so stolz, dass Miki ihm nur eins entgegensetzen konnte. „Nicht mehr lange", brummte sie. „Dann werde ich die beste Jägerin sein."

„Viel Glück", erwiderte der Eisbärenjunge.

„Wandert wohl und wandert weit", sagte Mama, als sie sich satt gefressen hatte und bereit war, ihren Weg fortzusetzen.

„Wandert wohl und wandert weit", erwiderte die andere Eisbärin. Dann trennten sich die Wege der zwei Familien.

Schwimmen

Das Walross hatte mit seinem Tod gleich zwei Familien gerettet. Ein Leben geht, damit andere bleiben dürfen. Gestärkt von ihrer ersten Mahlzeit nach neun Monaten des Fastens jagte Mama weiter. Es war eine stille Jagd. Geduldig lag die Eisbärin vor den Atemlöchern und wartete auf jenen Moment, in dem die schwarzen Nasen der Robben auftauchten, um Luft zu holen. Ihre Barthaare zitterten erschrocken, wenn sie verstanden, in welche Falle sie getappt waren. Für viele war es dann bereits zu spät. Aus einer stillen Jagd wurde ein schnelles Ende, aus den Robben wurde Beute und aus Beute frisches Futter, über das sich auch Miki und Nuka hermachen durften. Je mehr Mama fraß, desto schneller und geschickter wurde sie bei der Jagd. Manchmal fand sie, gut versteckt in einer Spalte im Eis, ein winziges Robbenbaby. Die Kleinen waren wehrlos und daher leichte Beute. Manchmal wartete Mama dann auf die Rückkehr der Robbenmutter, nur um ihr das gleiche Schicksal wie ihrem Jungen zuteilwerden zu lassen. Miki und Nuka lernten, Geduld zu haben. Regungslos lagen sie im Eis und sahen ihrer Mama zu. Sie lernten von ihren Erfolgen, aber auch von ihren Niederlagen – und von denen gab es trotz allen Geschicks reichlich. Einmal, als sich eine besonders flinke Ringelrobbe aus Mamas riesigen Pranken befreien konnte, stellte Nuka beeindruckt fest: „Die Robbe ist nicht dumm."

„Nein." Mama knirschte mit den Zähnen. „Robben sind alles andere als dumm."

„Ich will auch jagen", beschloss Miki eines Tages. Neun Monate war sie alt und sie fand, es wurde Zeit, selbst Beute zu schlagen.

„Geh", antwortete die Mutter. „Aber bleib in der Nähe. Das Eis ist weit, das Meer endlos und noch brauchst du mich, um nicht zu verhungern."

Nuka erschauderte bei diesem Wort. Hunger. Nein, Hunger wollte Nuka niemals empfinden müssen. „Ich bleibe bei dir", sagte er deshalb schnell und lief der Mutter hinterher, die sich auf die Suche nach einem weiteren Atemloch machte.

Miki aber ging in die andere Richtung. Größer und größer wurden die Kreise, die sie zog. Manchmal blieb sie stehen, drehte den Kopf in den Wind, um zu riechen, was er ihr erzählte. Er berichtete von Robben. Großen, die im Wasser schwammen, und kleinen, die unter dem Eis verharrten. Neugierig ging die junge Eisbärin weiter. Sie fand ein Atemloch, vor das sie sich legte. Doch nichts tat sich, egal wie geduldig sie auch wartete. Die Robbe, die es irgendwann angelegt hatte, musste es aus irgendeinem Grund aufgegeben haben. Miki ging weiter, legte sich erneut vor ein Atemloch und diesmal sah sie einen Schatten tief unten im Wasser. Miki hob den Kopf. Nur ganz leicht, und trotzdem genügte diese Unachtsamkeit, um die Robbe zu warnen. So schnell, wie sie aufgetaucht war, verschwand sie wieder. Miki seufzte. Wie klein sie sich in diesem Moment doch fühlte. Eine so junge Eisbärin hat eben kaum eine Chance, allein Beute zu schlagen. Deshalb ist es ja so wichtig, dass die Mütter erfolgreiche Jägerinnen sind. Miki wollte das trotzdem nicht recht glauben. Aber sooft sie auch loszog, so geduldig sie auch war, sie erwischte keine einzige Robbe und fand auch kein anderes Tier. Sie ging leer aus und musste fressen, was Mama ihr gab. Ihr Name Miki bedeutete „klein" und klein fühlte sie sich auch in diesen ersten Monaten ihres Lebens.

Schritt für Schritt, Kilometer für Kilometer. Die Tage wurden wärmer, das Licht blieb länger und das Eis schwand. Die Sonne war zu einem ständigen Begleiter geworden. Stunde um Stunde stand sie am Himmel, mal etwas höher, mal niedriger, doch nie verschwand sie. Miki bewunderte diesen leuchtenden Ball, der vor Energie strotzte. Das Eis schmolz in der Hitze so schnell, dass sich ein dichter Nebel bildete. Hin und wieder ertönte ein ohrenbetäubendes Knacken, als würde das Meer in tausend Stücke zerspringen. Die gebrochenen Eisplatten knallten aufeinander, schoben sich knirschend zusammen und türmten sich auf, wenn der Druck des Wassers darunter zu groß wurde. Wie die Eisbärenfamilie waren auch das Meer und seine meterdicke Eisschicht in ständiger Bewegung. Mit der Zeit bildeten sich zwischen den Schollen Straßen aus Wasser und Mama sagte: „Wir müssen anders jagen."

„Aber es gibt doch nur zwei Arten der Jagd", wandte Miki ein. „Das Warten am Atemloch und die Suche nach den Robbenbabys in ihren Höhlen."

„Nein, Miki. Wir Eisbären haben mehr als nur diese Strategien, um Beute zu schlagen. Kaum ein anderes Tier muss sich in so schwierigen Bedingungen behaupten wie wir. Deswegen beherrscht auch kaum ein anderes Tier so viele Arten der Jagd wie wir."

„Das macht uns zu etwas Besonderem, nicht wahr, Mama?", fragte Nuka.

„Und ob", stimmte die Eisbärenmutter ihm zu. „Und jetzt beeilt euch. Es ist Zeit für eure erste Wasserpirsch." Kopfüber sprang sie in die Wellen. Es sah aus, als würde das dunkle Meer sie verschlingen. Miki hielt erschrocken den Atem an, doch Mama kehrte nach wenigen Augenblicken zurück an die Wasseroberfläche.

„Aber ...", begann Miki zögerlich, während Nuka sich bereits flach auf den Bauch gelegt hatte und mit ungelenken Bewegungen über die Kante der Eisscholle rutschte.

„Riecht nach Robbe", brummte er genüsslich. Der vertraute Duft lockte ihn weiter und weiter. Miki wollte ihn zurückhalten.

„Nein! Nicht dahinein", hätte sie am liebsten gerufen, aber es war zu spät. Ungelenk kullerte Nuka von der Eisscholle und teilte die Wellen, dass die Gischt in alle Richtungen spritzte. Er quiekte vor Vergnügen, als er

versuchte, die Schaumkronen mit dem Maul zu fangen.

„Das prickelt auf der Zunge!“ Er nieste herzhaft.

Miki beobachtete ihren Bruder fassungslos. In ihr sträubte sich alles dagegen, in dieses fremde Element einzutauchen.

„Worauf wartest du denn, Miki? Das Wasser ist herrlich.“ Schnaufend paddelte Nuka hin und her, einmal um Mama herum und zurück zu seiner Schwester, die immer noch auf der Eisscholle stand. Es sah aus, als habe er sein ganzes Leben nichts anderes gemacht. Miki wich einen Schritt zurück. Ihr Herz klopfte so laut, dass es die Gedanken, die durch ihren Kopf rasten, fast übertönte. „Dreh um und lauf weg!“, schrie etwas in ihr. Aber Miki konnte nicht weglaufen. Sie musste bei Mama bleiben. Und Mama war im Wasser, also musste Miki ebenfalls ... Sie schüttelte sich.

„Komm, Miki!“, rief Nuka erneut. „Oder ...“ Er sah seine Schwester durchdringend an, sah ihre Mimik, ihre Körperhaltung und wusste es sofort. Eisbären verstehen einander. Dafür braucht es nicht viele Laute, keine großen Gesten. Nuka durchschaute seine ältere Schwester. „Du hast Angst", stellte er verblüfft fest. „Meine große Schwester, die Mutigste von allen, wie sie immer behauptet, fürchtet sich vor dem Wasser." Nuka paddelte noch wilder, um zu zeigen, wie lächerlich Mikis Angst war. Aber Miki konnte nicht anders. Sosehr sie auch versuchte, dieses brennende Gefühl hinunterzuwürgen, die Angst klebte an ihr. Sie blickte zur Sonne, die in den letzten Wochen nicht mehr im Meer versunken war, und der Neid auf dieses leuchtende Wesen am Himmel kehrte zurück. Die Sonne hatte es gut, denn sie musste nicht mehr untertauchen.

„Wir müssen los", rief Mama ungeduldig.

Miki lief am Rand der Eisscholle auf und ab und überlegte, wie sie es am besten anstellen sollte. Kopfüber hinein wie Mama? Nein, das kam nicht infrage. Nuka hatte es geschickt gemacht. Auch Miki legte sich flach auf den Bauch und ließ sich mit der Nase voran ins Wasser gleiten. Kurz bevor ihre Pfoten die Wellen berührten, schloss sie die Augen. Gleich würde es nass werden und kalt. Miki sprang zurück und schüttelte sich. Nein, sie wollte nicht ins Wasser. Wie sehr sehnte sie sich nach der dicken Eisschicht des Winters, die die

Sonne so unerbittlich geraubt hatte. Der Leuchtball nahm das Eis und brachte den Hunger. Mama verlor die Geduld. Sie wandte sich um, kehrte Miki den Rücken zu und schwamm los. Nuka folgte ihr, doch er ließ es sich nicht nehmen, seiner Schwester noch ein Wort zuzurufen: „Angstbärin!"

Miki knurrte erbost. Sie holte tief Luft und sprang. Kopfüber und ohne darüber nachzudenken. Erst glaubte Miki, sie würde fallen, tief hinunter in dieses dunkle Meer, doch die Wellen waren stark genug, um sie zu tragen. Entgegen all ihrer Erwartungen war das Wasser gar nicht so nass. Ihr Fell war dicht genug, sodass nicht einmal der kleinste Wassertropfen bis zu ihrer Haut vordrang. Vorsichtig wackelte das Eisbärenmädchen mit den Pfoten, trat gegen einen unsichtbaren Widerstand und spürte, wie sie sich von der Stelle bewegte. Ihr Herz raste immer noch, aber mit jedem Meter, den sie hinter Mama und Nuka herschwamm, musste sie sich mehr und mehr eingestehen, dass sie nicht nur eine Wanderin war, sondern auch eine Schwimmerin. Und eine gute noch dazu.

„Ich kann es", freute sich Miki. „Mama, schau, wie gut ich schwimmen kann." Sie paddelte um Nuka herum, der gerade prustend auftauchte.

„Natürlich. Du bist schließlich eine Eisbärin und damit ein Meerestier", erwiderte die Mutter unbeeindruckt. Dann war nur noch das Plätschern der Wellen zu hören. Drei Eisbären, die das Meer durchkreuzten.

Das Wasser führte sie zwischen den Eisschollen über das Meer wie Straßen. Mama bog nach links, schwamm nach rechts, hob die Nase über die Wellen und änderte die Richtung. Miki und Nuka folgten ihr, stumm wie zwei Schatten. Irgendwann wurden die Bewegungen der Mutter langsamer. Vorsichtig glitt sie durchs Wasser und da nahm auch Miki einen vertrauten Geruch wahr: Robbe.

Dort auf einer Eisscholle lag sie und sonnte sich. Die drei Bären, die sich ihr näherten, bemerkte die Ringelrobbe nicht. Perfekt getarnt schlängelten sie sich zwischen den Eisschollen hindurch und auf ihre Beute zu. Miki und Nuka imitierten jede von Mamas Bewegungen und verhielten sich unauffällig. Sie wussten, dass Mama nur einen Versuch hatte, um die Beute zu fangen. Wasserpirsch hatte die Eisbärenmutter diese Art zu jagen genannt. Sie waren der Robbe jetzt ganz nah. Dann ging alles blitzschnell. Mama schoss aus dem Wasser empor. Mit einem gewaltigen Satz sprang sie auf die Eisscholle. Die Robbe stieß einen erschrockenen Laut aus und versuchte zu flüchten, doch auf dem Eis kam sie mit den Flossen nur langsam voran. Miki sah die Angst in ihren Augen und mit welcher Verzweiflung sie sich zu wehren versuchte. Dann war ihr Leben auch schon vorbei.

„Wasserpirsch", dachte Miki, als sie zu fressen begann. „So geht das also."

Das zweite Jahr: Hitze

Erste Streifzüge

Noch etliche Male hatte Mama ihnen die Wasserpirsch gezeigt, dann aber waren auch die letzten Eisschollen geschmolzen. Die Familie hatte sich endgültig an Land begeben, wo struppiges Gras und niedrige Büsche wuchsen. Eisbären sind zwar Meerestiere, aber ohne festen Boden unter den Füßen können sie dennoch nicht lang überleben. Beute gab es hier in der Tundra weit und breit keine. Manchmal hatte Miki seltsame Tiere mit Geweihen auf den Köpfen entdeckt, doch Mama hatte keine Anstalten gemacht, sie zu jagen. „Zu schnell", hatte sie bloß geknurrt. „Wenn wir ihnen hinterherhetzen, wird uns zu heiß. Die Chance, sie zu erwischen, ist so klein, dass wir dabei mehr Energie verlieren, als wir durchs Fressen gewinnen." Das fand Miki einleuchtend. Rentiere waren also keine gute Beute. Die Eisbärenfamilie war tagelang gegangen, und sosehr Miki das Wandern auch genossen hatte, langsam hatte sich eine quälende Leere in ihrem Magen breit gemacht. Der Sommer, das hatten die beiden Eisbärenjungen schnell verstanden, war die Jahreszeit des Hungers. Gierig hatten sie die Milch der Mutter getrunken. So hatten sich wenigstens zwei Mägen gefüllt, Mama aber war von Woche zu Woche dünner geworden. Es war, als nagte der Sommer das Fett von ihren Rippen.

„Deswegen müssen wir im Winter fressen", hatte sie erklärt. „So viel wie nur möglich. Die Sommer sind lang und sie werden immer länger." Was Mama damit meinte, hatte Miki nicht verstanden, aber sie gab sich Mühe, sich jedes Wort zu merken. Wer überleben will, muss die Gefahren kennen, und für einen ausgewachsenen Eisbären gibt es in der Natur nur eine Bedrohung: den Hunger.

Im ersten Jahr ihres Lebens hatte Miki viel von Mamas Weisheit gelernt. Eine besonders glückliche Erkenntnis war, dass jeder Sommer auch ein Ende hat. Dass die Sonne irgendwann wieder mit dem Meer verschmilzt und darin versinkt. Nach einem endlosen Tag kam eine erste kurze Nacht und mit der wachsenden Dunkelheit kehrte das Eis zurück. Stück für Stück gefror das Meer, bis die Eisschicht das Gewicht der Familie tragen konnte.

„Winter", seufzte Mama erleichtert.

„Winter", wiederholte Miki bei sich und wusste, dass die Zeit des Überlebenskampfes vorbei war. Zumindest für einige Monate. Eine neue Jagdsaison begann. So wie das Eis die Bären lockte, zog es auch die Ringelrobben an. Sie kamen, gruben Höhlen in das Eis und ließen ihre Jungen zurück, um selbst auf Beutefang zu gehen. Miki konnte die kleinen Robben riechen, die auf ihre Mütter warteten, um von ihrer nahrhaften Milch zu trinken. Milch. Auch Miki und Nuka tranken sie immer noch, doch Mamas Milch hatte sich verändert. Sie war nicht mehr so fettig, machte nicht mehr so wohlig satt und die zwei jungen Eisbären waren immer mehr auf Beute angewiesen. Drei Mäuler galt es jetzt zu stopfen, drei Mägen zu füllen. Mama hatte alle Pfoten voll zu tun.

„Ich helfe dir bei der Jagd", versprach Miki, und während ihre Mutter vor einem Atemloch auf die Rückkehr einer Robbe wartete, zog Miki los. Sie wusste, dass sie sich nicht verlaufen konnte. Egal wie eintönig und weiß die Welt um sie herum war, Miki kannte stets den richtigen Weg. Ein Jahr war sie jetzt alt. In diesem Alter ist man kein kleiner Eisbär mehr, doch ganz allein konnte sie in dieser Welt trotzdem noch nicht bestehen. Nur etwa eine Stunde pro Tag verbrachte sie mit der Jagd und bisher war sie noch nie erfolgreich gewesen, obwohl sie alles genau so gemacht hatte, wie Mama es ihr gezeigt hatte. Sie wusste selbst nicht, warum der Erfolg auf sich warten ließ, aber diesmal wollte Miki endlich mit vollem Magen zurückkehren. Sie hatte sich bereits ein gutes Stück von ihrer Familie entfernt, lief aber weiter. Immer wieder blieb sie stehen und hob aufmerksam die Nase in die Luft. Miki spürte, wie weit sie bereits gegangen war, und sie merkte, wenn die Entfernung zu ihrer Mutter zu groß wurde. Plötzlich nahm sie die Witterung eines Robbenbabys auf. Irgendwo unter dem Eis musste sich eine Höhle befinden. „Ich finde dich, kleiner Kerl", rief sie in Gedanken, während der Duft sie in die richtige Richtung lenkte und irgendwann kein Zweifel mehr blieb: Sie hatte die Höhle gefunden. Miki drückte die Schnauze in den Schnee und schnüffelte. Die Eisdecke war nicht allzu dick, aber trotzdem würde es viel Kraft kosten, sie zu durchbrechen. War der Aufwand es wert? Würde sie mehr Energie verschwenden, als das Fressen ihr schenken würde? Miki überlegte. Vielleicht war sie immer noch zu klein. Nein, diesen Gedanken verscheuchte die junge Eisbärin schnell wieder. Wer die größte Jägerin am Nordpol werden möchte, darf nicht an sich selbst zweifeln. Miki richtete sich zu ihrer vollen Größe auf. Sie stand auf ihren Hinterbeinen und ließ sich schwungvoll mit ihrem ganzen Gewicht nach vorne fallen. Ihre Vorderpfoten prallten auf das Dach der Höhle im Schnee. Es knackte. Die Robbenmütter versuchen zwar stets, ihre Jungen bestmöglich zu schützen, doch in diesem Jahr war das Eis dünner als gewöhnlich. Wieder richtete sich Miki auf, ließ sich erneut fallen. Diesmal war die Wucht des Aufpralls so groß, dass das Eis nachgab. Es brach und zwei Augen starrten Miki entsetzt an.

„Hallo, Beute", knurrte die Eisbärin.

Ihre erste Beute. Miki war davon nicht ganz satt geworden, denn kleine Robben haben noch nicht so viel Fett unter der Haut wie ihre Mütter. Trotzdem war sie von einem tiefen Stolz erfüllt. Sie hatte es geschafft. Sie war erfolgreich auf Jagd gegangen. Miki, die Kleine, war ein Stückchen gewachsen. Sie beschloss, etwas zu tun, das Mama ihr gezeigt hatte, und auf die Robbenmutter zu warten. Eilig verschloss Miki die Höhle wieder. Das Sonnenlicht würde der Mutter sonst unmissverständlich sagen, dass gerade eine Eisbärin ihr Junges geraubt hatte. Miki legte sich auf den Bauch. Regungslos. Geduldig. Robben werden von jeder noch so kleinen Bewegung abgeschreckt. Miki wartete und wartete, doch die Robbenmutter ließ sich nicht blicken. Hatte Miki sie verscheucht? War sie zu langsam gewesen? Irgendetwas war schiefgegangen und Miki wusste nicht, was.

„Wenigstens eine kleine Robbe habe ich gefangen", sprach sie sich selbst Mut zu, als sie aufgab und zu ihrer Familie zurückging. Auch Mama war anscheinend erfolgreich gewesen. Genüsslich kaute sie auf dem Fett einer ausgewachsenen Ringelrobbe.

„Beute gemacht?", fragte Nuka knapp.

„Natürlich", erwiderte Miki mit hocherhobenem Kopf.

„Ich auch", erwiderte ihr Bruder und blickte mit solchem Stolz auf die tote Robbe, dass Miki sofort begriff. Nicht Mama hatte sie erlegt, sondern er. Nuka, ihr kleiner Bruder, war ein besserer Jäger gewesen als sie. Miki knurrte innerlich, aber sie dachte auch daran, was Mama immer sagte: „Jagd ist Glück und das Glück ist nicht immer auf deiner Seite."

Glück. Ja, Nuka hatte doch bloß Glück gehabt.

Sie zogen weiter, suchten nach Beute. Sie hatten Erfolge und Niederlagen. Eine Robbe macht einen Eisbären für etwa elf Tage satt. Mama aber war eine so gute Jägerin, dass sie nicht nur satt, sondern auch dick wurden. Mama, das verstand Miki, war eine gute Mutter. Sie hatte in ihrem Leben viel Erfahrung gesammelt. Manchmal bat Miki sie, von früher zu erzählen, von den Jungen, die sie vor Miki und Nuka gehabt hatte. Meistens hatte Mama auf diese Fragen jedoch keine Antworten gegeben. Ihr Blick war in die Ferne gewandert. War er verträumt oder lag da ein Schmerz in ihren Augen? Miki konnte es nicht zuordnen, aber sie ließ nicht locker. Als die ewige Polarnacht am tiefsten und die Sterne am hellsten waren, bettelte Miki erneut: „Erzähl mir von meinen Geschwistern."

Da begann Mama mit ihrer Geschichte: „Siehst du diese Sterne da oben? Dort, in dem Sternbild, das an einen Stier erinnert?"

Miki entdeckte tatsächlich eine Gruppe hell leuchtender Punkte. „Ja, was ist damit?"

„Die Menschen erzählen sich, dass es einst eine wilde Verfolgungsjagd gab. Nanook, ein Eisbär, wurde von den Schlittenhunden über das Eis gehetzt. Weiter und weiter lief er, und ohne es zu bemerken, stürmte Nanook

bis an den Rand der Welt. Er und seine Verfolger stürzten hinab, doch anstatt zu sterben, verwandelten sie sich in jene Sterne dort oben."

„Ist eins meiner Geschwister auch über den Rand der Welt gejagt worden?", fragte Miki neugierig.

„Ja." Mama klang furchtbar traurig. „Akiak, mein erster Sohn. Aber es waren nicht die Schlittenhunde, die ihn holten, sondern ein Rudel Wölfe. Damals war ich jung und wusste nicht, wie man auf Kinder aufpasst. Nicht alle überleben. Viele schaffen nicht einmal die ersten Monate. Nuka und du, ihr seid Wunder. Meine Wunder."

Miki schluckte. Auch sie würde eines Tages Mutter sein, aber wäre sie dann in der Lage, ihre Kinder zu beschützen? Ihre Bäuche so zu füllen, wie ihre Mama es machte? Eilig verjagte Miki den Gedanken daran und suchte den Himmel ab.

„Ich glaube, ich sehe Akiak", sagte sie, als ihr Blick auf einen besonders hellen Stern fiel. „Ja, ich bin mir ganz sicher, dieser Stern ist mein großer Bruder." Liebevoll leckte Mama ihr über die Stirn.

„Es gab aber auch noch andere. Mein zweites Kind war eine Tochter. Ich nannte sie Uki, die Überlebende, denn anders als euer Bruder sollte sie am Leben bleiben.

Unsere Wege trennten sich, als sie etwas mehr als zwei Winter zählte, und ich denke oft an sie."

Miki stutzte. Getrennte Wege. Noch nie hatte sie darüber nachgedacht, dass sie eines Tages ohne ihre Familie durch die endlose Weite ziehen würde.

„Wir müssen weg von dir?", fragte Nuka entsetzt. Das Knirschen des Eises hatte ihn aus dem Schlaf gerissen.

„Natürlich", erwiderte die Mutter. „Jeder Eisbär muss seinen eigenen Weg gehen. Wir drei laufen für eine bestimmte Zeit nebeneinander her, aber eines Tages wirst du in eine Richtung davonziehen und Miki in eine andere."

„Aber das will ich nicht!", rief Nuka. „Miki und du, ihr seid doch meine Familie." Der junge Eisbär schnaufte aufgeregt.

Mama aber schüttelte sich. „Wir sind für die Einsamkeit gemacht, mein Sohn. Eines Tages wirst du das begreifen."

Nuka ließ sich stumm zur Seite fallen und rollte sich zusammen. Er wollte nichts mehr hören von Trennung und von Wegen, die er allein beschreiten musste. Miki aber sah noch einmal zum Himmel empor und sie hätte schwören können, dass jener Stern, in dem sie ihren Bruder Akiak erkannt hatte, ein klitzekleines bisschen heller leuchtete als zuvor.

Leere Mägen

Es war ein wunderschöner Winter gewesen. Sie hatten gejagt und gefressen, die Speckschicht auf ihren Rippen war dick geworden und wäre es nach Miki gegangen, hätte es für immer so bleiben können. Doch das Eis schwand. „Viel zu früh", wie Mama sorgenvoll feststellte. Tag für Tag, Kilometer für Kilometer verwandelte es sich in Wasser und gab das Polarmeer frei, das es monatelang bedeckt hatte. Auch Miki erkannte, dass es anders war als im Jahr zuvor. Das Eis schmolz schneller, als wäre es nie dick genug gewesen. „Bald wird der Sommer da sein. Das ist nicht gut", brummte die Mutter.

„Warum ist das nicht gut?", fragte Nuka, obwohl es doch offensichtlich war.

„Weil wir noch nicht genug gefressen haben, um den Sommer zu überstehen", erklärte Miki ihrem kleinen Bruder. Nuka riss die Augen auf. Jetzt hatte selbst er kapiert, welche Folgen das schwindende Eis für sie haben würde.

Hunger. Unbarmherziger Hunger, an dessen Ende ein unerbittlicher Tod auf sie warten würde.

„Was machen wir jetzt?", fragte Nuka, der immer noch glaubte, Mama könne jedes Problem lösen. „Kannst du dem Winter nicht sagen, dass er noch ein bisschen bleiben soll, weil wir noch runder werden müssen?"

Miki stieß ihrem Bruder den Kopf in die Seite. „Bist du dumm? Den Winter kann man nichts fragen. Er ist ein unsichtbares Wesen, das tut, was es will."

Nuka schlug mit seiner Tatze nach Miki, die dem Angriff jedoch geschickt auswich.

„Ich bin nicht dumm", fauchte er. „Der Sommer ist dumm." Er trabte um seine Schwester herum. Offensichtlich war er in Spiellaune, aber Miki hatte keine Lust, sich mit ihm zu balgen. Sie wehrte eine weitere Attacke ab und gab ihm mit einem strengen Blick zu verstehen, dass er sie in Ruhe lassen sollte.

„Was meinst du damit, dass es immer schwieriger wird?", fragte Miki ihre Mutter.

„Das Überleben ist zu einer Herausforderung geworden. Früher waren die Winter länger. Das Eis war dicker und unsere Mägen voller. Es wird wärmer, Jahr für Jahr, und ich frage mich, was die Kälte wohl vertreibt."

Miki blickte zur Sonne. Sie hatte einen Verdacht, aber was konnte man schon tun gegen dieses Wesen dort oben, das seinen eigenen Willen hatte? Wäre sie nicht so unerreichbar weit weg, hätte Miki die Sonne vom Himmel gerissen und sie im Meer versenkt. Für immer.

Sie wanderten weiter. Viele, viele Schritte gingen sie, mal hintereinander, mal nebeneinander. Miki spürte Nukas Schulter neben ihrer. Er überragte sie um ein gutes Stück, und egal wie sehr Miki sich reckte, den Größenunterschied konnte sie längst nicht mehr verleugnen. Im Gegensatz zu ihrem Bruder war sie klein und würde es immer bleiben. Als das Eis in Stücke zerbrach, schwammen sie zwischen den Schollen umher, auf der Suche nach Robben. Miki mochte das Wasser immer noch nicht besonders gern, aber sie wurde schneller und geschickter. Einmal ließ Mama ihr den Vortritt. „Versuch du es", sagte sie, als sie eine Robbe auf einer Eisscholle entdeckt hatte. Und Miki fing sie. Sie schoss aus dem Wasser, so wie Mama es ihr gezeigt hatte, und während Nuka seine Schwester beobachtete, schmeckte Miki bereits das süße Fett in ihrem Maul. Dann aber trieben die Eisschollen davon und mit ihnen verschwanden auch die Robben. Die sonst so weiße Welt verwandelte sich rasant. Wo vor wenigen Wochen noch scheinbar endloses Eis gewesen war, kam jetzt die Kältesteppe zum Vorschein. Keinen einzigen Baum gab es hier in der Tundra, doch Gräser sprossen aus der Erde, Blumen blühten und Miki strömten tausend unbekannte Gerüche in die Nase. Die Hügel, über die die drei Eisbären wanderten, waren dicht bewachsen von niedrigen Büschen.

„Manche Tiere machen Winterschlaf", begann Mama zu erzählen. „Sie ziehen sich in eine Höhle zurück und müssen monatelang nichts fressen. So verbrauchen sie wenig Energie und müssen nicht hungern, wenn es keine Beute gibt. Manchmal wünsche ich mir, wir Eisbären könnten einen Sommerschlaf machen."

„Ui", machte Nuka, dem die Idee gefiel. „Das wäre fein. Warum können wir das denn nicht einfach tun, Mama? Wir graben uns eine Höhle und dann schlafen wir, bis die Robben wieder hier sind."

„Ach, Nuka ..." Miki seufzte. „Du bist so dumm."

„Bin ich gar nicht", protestierte Nuka beleidigt.

Mama drängte sich zwischen die beiden, um den aufkommenden Streit im Keim zu ersticken. „Tut mir leid,

Nuka, aber das geht nicht. Wir können fasten und hoffen, dass wir dadurch genug Energie sparen, um einen langen Sommer wie diesen zu überstehen."

Miki bewunderte Mama. Während sich Nuka und sie immer noch hauptsächlich von ihrer Milch ernährten, bekam Mama kaum etwas zwischen die Zähne. Hin und wieder fing sie eine Wühlmaus oder einen Lemming, aber es hätte hundert dieser Tierchen gebraucht, um ihren Magen zu füllen. Irgendwann reiften auf den Büschen rote Beeren heran. Mama pflückte sie mit den Zähnen und schlang sie gierig hinunter. Sie fraß Kräuter, suchte nach Moosen und Flechten, doch der Hunger nagte weiter an ihren Knochen. Auch Miki spürte eine gähnende Leere in ihrem Magen. Mamas Milch machte nicht mehr so satt wie früher, obwohl die Geschwister mehrmals am Tag an ihren Zitzen hingen.

„Wir müssen weg", sagte Mama, als sie erneut an einem verlassenen Strand gelandet waren. Hinter ihnen die Leere der Tundra, vor ihnen Schaumkronen, so weit das Auge reichte. Miki sah sich suchend um. Was meinte Mama bloß? Auch Nuka machte ein verdattertes Gesicht. „Aber

von hier gibt es doch nur den Weg, den wir gerade gekommen sind."

Mama setzte eine Tatze ins Wasser. „Wir werden schwimmen."

„Schwimmen?" Miki blickte zum Horizont. Weit und breit war keine Eisscholle zu entdecken. „Wohin denn?"

Ein mulmiges Gefühl machte sich in ihrem Bauch breit und diesmal war es nicht der Hunger, sondern die Angst. Zwischen Eisschollen zu schwimmen, war etwas anderes, als hinaus ins offene Meer zu steuern.

„Ich weiß es nicht", gab Mama zu. „So ist das Leben eines Eisbären nun mal. Wir wandern ohne Ziel. Und denk immer daran: Wir sind Meerestiere."

Miki wunderte sich. Wie konnte Mama das Wandern mit dem Schwimmen verwechseln? Das eine hatte mit dem anderen doch nichts zu tun. Wandern, das fühlte sich nach Freiheit an, aber Schwimmen ... Die Schaumkronen, die fröhlich über die Wellen tanzten, kamen Miki plötzlich bedrohlich vor. Hinter ihnen in der Tundra lauerte der Hungertod, doch vor ihnen im Meer ... Während Miki ihrer Mama ins Wasser folgte, fragte sie sich, welche Gefahr sie dort draußen in diesem endlosen Nass wohl erwartete. Nuka hingegen ließ sich unbeschwert in die Wellen fallen.

„Ein Schwimmausflug“, freute er sich. „Das wird schön. Vielleicht finden wir Robben. Oder einen Wal. Kann man Wale im Wasser jagen, Mama?“

„Nuka, du bist so ...“ Weiter kam Miki nicht, da schlug ihr eine Welle ins Gesicht und spülte ihre Worte einfach fort.

Viele Stunden lang schwammen sie. Erst wurde der Strand hinter ihnen immer kleiner, dann war das Land nichts weiter als ein Strich am Horizont, bis es irgendwann endgültig verschwand. Überrascht stellte Miki fest, dass man auch über das Meer wandern kann. Sie kamen schnell voran, obwohl ihre Pfoten keinen Boden berührten. Es war, als schwebten sie durch das Wasser. Schwerelos. Kilometer für Kilometer. Miki schätzte sie. Zehn, zwanzig, fünfzig, hundert. Wale zogen an ihnen vorüber, aber an eine Jagd war hier im Wasser natürlich nicht zu denken.

„Sind wir bald da?“, quengelte Nuka. Soviel Spaß ihm das Schwimmen anfangs gemacht hatte, so schnell war er des Wassers überdrüssig geworden.

„Ein Stück noch“, munterte Mama ihn auf und verschwieg, ob es sich dabei um ein kleines oder ein großes Stück handelte. Es sollte ein riesiges werden. In der Endlosigkeit gibt es keine Nähe, nur die Ferne. Zweihundert, zweihundertfünfzig, dreihundert. Miki fragte sich, ob das Meer wirklich kein Ende hatte. Vielleicht hatte Mama sich geirrt und es gab keine andere Seite, die sie erreichen konnten. Oder aber sie würden irgendwann über den Rand der Welt stürzen, so wie Akiak. Dünner und dünner wurde sie und mit dem Fett schmolz auch ihre Kraft dahin.

„Ich kann bald nicht mehr", gestand sie irgendwann. Sie mussten mittlerweile fast vierhundert Kilometer geschwommen sein.

„Nur noch ein Stück", wiederholte Mama. „Ich weiß, dass ihr es schaffen könnt."

„Und wenn nicht?", wollte Miki fragen, doch sie wagte es nicht.

„Und wenn wir dem Tod in die Arme schwimmen?" Fast entsetzt blickte Miki ihren Bruder an. Mit kraftlosen Bewegungen schwamm er ein gutes Stück hinter ihr. Müdigkeit lag in seinen Augen. Mama antwortete nicht und ihr Schweigen sagte mehr, als Worte es vermocht hätten. Wenn die Geschwister nicht durchhielten, dann waren sie eben zu schwach für dieses Leben. Nur die Stärksten können die langen Sommer bezwingen. Die Schwachen gehen unter.

Vierhundertzehn. Vierhundertzwanzig. Mit jedem Kilometer wurden ihre Pfoten schwerer, ihre Körper abgemagerter. Nuka keuchte atemlos und zum ersten Mal in ihrem Leben bekam Miki Zweifel an Mamas Orientierungssinn und daran, ob sie wirklich eine gute Mutter war. Kein Ziel dieser Welt war es wert, diese Anstrengung auf sich zu nehmen. Miki konnte es sich zumindest nicht vorstellen. Da plötzlich zog ein Laut ihre Aufmerksamkeit auf sich. Seit Tagen hatten sie nichts anderes gehört als das konstante Rauschen der Wellen, jetzt aber ... Miki spitzte die Ohren, um sicherzugehen, dass sie vor lauter Erschöpfung nicht wahnsinnig geworden war. Aber nein, sie irrte sich nicht. In der Ferne klang es, als würde Wasser auf Felsen treffen. Irgendetwas kreischte, dann erschallte ein heiseres Lachen, und als Miki mit letzter Kraft den Kopf hob, um in den blauen Himmel zu blicken, sah sie eine Möwe über sich fliegen. „Land", dachte Miki. Mama hatte also recht gehabt. „Gleich, Nuka!", rief sie voller Freude. „Gleich haben wir es geschafft."

Nuka aber röchelte. Miki sah, wie sehr er kämpfte. Mit Entsetzen stellte sie fest, dass ihr Bruder dem Tod wohl schon näher war als dem Leben.

Auf Futtersuche

Vierhundertfünfzig Kilometer. Drei Eisbären, die um ihr Leben schwammen, auf der Suche nach etwas zu fressen. Zwölf Tatzen, die sich durch das kalte Wasser kämpften. Zwölf Tatzen, die nach unzähligen Stunden endlich wieder festen Boden betraten. Nuka hatte es geschafft. Völlig abgekämpft trottete er aus dem Wasser, brachte seine letzte Kraft auf, um sich zu schütteln. Die Wassertropfen flogen in hohem Bogen durch die Luft und im nächsten Moment sah sein Fell fast so aus, als sei es nie mit dem Meer in Berührung gekommen. Nur sein dünner Bauch und das leichte Zittern seines Körpers ließen darauf schließen, welche Tortur Nuka gerade überstanden hatte. Miki fühlte sich nicht viel besser, doch sie wollte das Elend der letzten Tage so schnell wie möglich vergessen. Mit dem Wasser, das sie aus ihrem Fell schüttelte, sollte sich auch die Erinnerung an die lange Reise auflösen.

„Und jetzt?", fragte sie Mama, die suchend ihre Nase in den Wind hielt.

„Jetzt fressen wir", erwiderte die Mutter und trabte los.

Aufregung herrschte in der Luft, als die Eisbärenfamilie den Strand verließ und die grüne Ebene betrat. Gänse flogen lautstark schimpfend über ihre Köpfe hinweg und verschwanden in den Weiten der Tundra, wo sie zwischen den Sträuchern ihre größten Kostbarkeiten versteckt hatten.

„Sollen wir die Schnatterdinger vom Himmel holen?" Nuka richtete sich erschöpft auf und schlug unbeholfen mit einer Tatze in die Luft, ohne dabei auch nur die Spitze einer Gänseschwanzfeder zu berühren.

„Nein, die Schnatterdinger sind viel zu schwer zu erwischen“, erklärte Mama. „Wir pflücken ihre Eier aus den Nestern.“

Ei, das lernte Miki schnell, schmeckte gut. Nicht so gut wie Robben, aber besser als nichts. Und vor allem waren sie leicht zu erwischen. Die Eisbären plünderten die Nester und verjagten die lästigen Möwen, die sich ebenfalls gierig darüber hermachen wollten.

„Bären stören!“, krakeelten die Möwen am Himmel, aber gegen die größten Raubtiere an Land konnten sie nichts ausrichten. Und auch die Gänse vermochten nichts weiter zu tun, als dem Diebstahl zuzusehen. Für viele von ihnen sollte es in diesem Jahr keinen Nachwuchs geben.

Als die drei nichts mehr fanden, schwammen sie zum nächsten Fjord, um dort über weitere Nester herzufallen. Wenn man so groß wie ein Eisbär ist, muss man viele Eier fressen, um satt zu werden. Die Jungen tranken noch regelmäßig Milch, doch schlussendlich kam es auf Mamas Magen an. Eine frisst, um drei zu ernähren. Für Miki und Nuka waren die Eier ein köstlicher kleiner Happen, Mama jedoch brauchte sie dringend, um die Familie nach diesem kurzen Winter durch die warmen Wochen zu bringen. Und warm war es wirklich. Unerträglich warm. Die Eisbären kühlten sich im Wasser ab oder wälzten sich in der Erde, um die Hitze irgendwie loszuwerden. Vor der Sonne konnten sie sich jedoch nicht verstecken.

„Ich will mal ein Schnatterding kosten", sagte Nuka eines Tages, als er mit Miki ein weiteres Nest aufgestöbert und den Inhalt verzehrt hatte.

„Hast du nicht gehört, was Mama gesagt hat? Sie sind zu schnell."

„Aber ich bin auch schnell", erwiderte Nuka.

„Du musst deinen Kopf benutzen", ermahnte Miki ihren Bruder. „Rechne doch mal. Bei der Gänsejagd verbrauchst du viel mehr Energie, als das Fleisch des kleinen Vogels dir bringt. Also kannst du es gleich bleiben lassen. Das ist einfachste Mathematik."

„Blöde Mathematik." Gierig sah Nuka einer Gans hinterher, die beim Anblick der Eisbären das Weite suchte.

„Die Eier sind leichtere Beute, also sei still und friss."

„Die Eier sind aber winzig. Ich werde überhaupt nicht satt davon." Nuka ließ einfach nicht locker.

„Dann lass uns zum Strand gehen", schlug Miki vor. „Mama ist bestimmt auch auf dem Weg dorthin." Schulter an Schulter wanderten die Geschwister durch die Tundra zurück in Richtung Meer. Mama war tatsächlich bereits am Strand, aber sie war nicht allein. Ein Tier, dessen Geweih hoch in den Himmel emporragte, rannte panisch vor ihr her.

„Hat Mama nicht gesagt, Rentiere seien zu schnell?", wunderte sich Nuka.

„Ja ..." Miki versuchte, Mamas ungewöhnliches Verhalten einzuordnen, da trieb die Mutter das Rentier ins Wasser. Langsam dämmerte Miki, was sie vorhatte. Die braunen Geweihträger waren eigentlich gute Schwimmer, doch die Eisbärin wurde von einem rasenden Hunger angetrieben. Sosehr das Rentier auch kämpfte, Mama holte Stück für Stück auf.

„Sie schafft es", staunte Nuka.

Im nächsten Augenblick grub die Eisbärenmutter ihre Zähne in das Hinterteil des Rentiers, zog es mit einem Ruck an sich und drückte es unter Wasser. Das Huftier hatte nicht die geringste Chance. Ein paar Mal tauchte seine Nase noch auf, dann wich jede Kraft aus seinem Körper. Die Eisbärin zerrte die Beute zurück auf den steinigen Strand. Miki war fassungslos. Mama hatte etwas vollkommen Außergewöhnliches getan. Sie hatte etwas zur Beute gemacht, das dafür eigentlich gar nicht geeignet war, und trotzdem lag das Rentier nun dort. Tot und bereit, gefressen zu werden. „Glück", dachte Miki. „Mama hat wahnsinnig viel Glück gehabt."

Miki aber hatte sich geirrt. Es war nicht nur das Glück gewesen, das Mama dieses Rentier und den drei Eisbären einen vollen Magen beschert hatte. Mama hatte eine neue Jagdstrategie entdeckt. Einen Weg, wie man auch im Sommer satt werden kann. Am nächsten Tag trennte sie erneut ein Rentier von seiner Herde, trieb es hinunter zum Meer und jagte es ins Wasser. Die Möwen kreischten begeistert, als die Eisbärin das Rentier schließlich an Land brachte. „Schlauer Bär! Bring Futter, Bär", johlten sie und verstummten erst, als Miki einer von ihnen einen kräftigen Hieb versetzte. Voller Bewunderung musterte sie ihre Mutter. So viel Mut, so viel Stärke, so viel Geschick.

„Und jetzt?", fragte Nuka unternehmungslustig, als die drei Eisbären auch das zweite Rentier verschlungen hatten.

„Jetzt suchen wir weiter", erwiderte Mama. „Und warten, dass der Winter endlich kommt."

Warten. Miki und Nuka begriffen, dass das Leben einem Eisbären viel Geduld abverlangt. Im Winter verharrt man vor den Atemlöchern der Robben. Im Sommer vertreibt man sich die Zeit bis zum Zufrieren des Meeres, nur um erneut mit dem stundenlangen Warten auf Beute zu beginnen. Miki wunderte sich, wie endlos lang sich so ein Sommer hinziehen kann. Eines Tages aber war die Zeit gekommen. Die Sonne sank so tief, dass sie das Meer berührte. Wie ein flüchtiger Kuss, der den mächtigen Himmelskörper mit den Wellen verschmelzen ließ. Wenig später kehrte die Nacht zurück. Vorbei waren die endlosen Tage, an denen das Licht nie verschwand. Die Dunkelheit nahm ihren Raum wieder ein, der Winter löste den Sommer ab und bestreute die grünen Büsche der Tundra mit Schnee. Als sich der zweite Geburtstag der Eisbärengeschwister näherte, brach erneut die Polarnacht an. Die Sonne traute sich nun gar nicht mehr hinter dem Horizont hervor und die drei Bären wanderten über die dicke Eisschicht, die sich über dem Meer gebildet hatte. Die Geschwister wurden immer geschickter. Sie fingen mehr Beute, tranken weniger Milch und manchmal fürchtete Miki, es könnte ihr letzter Schluck sein. Wie lange würden sie noch zusammenbleiben? Würde es Mamas Entscheidung sein oder würde Miki eines Tages nach einer erfolgreichen Jagd beschließen, allein weiterzuziehen? Sie schüttelte sich. Nein, die Vorstellung, Mama und Nuka aus freiem Willen zu verlassen, kam ihr absurd vor. Der erste Schritt hinein in ein selbstständiges Leben kündigte sich allerdings viel früher an, als die Geschwister gedacht hatten.

„Mama, ich habe Hunger!", rief Nuka wie so oft. Doch diesmal ließ Mama ihn nicht unter ihren Bauch kriechen. Sie drehte sich weg, und als er einen Versuch wagte, knirschte sie mit den Zähnen. Nuka wich wimmernd zurück. „Ich will doch nur ein bisschen Milch."

„Nein", knurrte Mama. „Du bist zu groß dafür."

„Aber gestern ..." Nuka warf Miki einen Hilfe suchenden Blick zu. „Gestern war ich doch noch klein genug. Was hat sich über Nacht geändert?"

„Mein Entschluss", antwortete Mama knapp. Miki sah die Verzweiflung in Nukas Gesicht. Sein ganzer Körper bettelte nach einem letzten Schluck Milch. Noch einmal wollte er die Sonne in seinem Bauch aufgehen lassen. Einmal noch Mamas Liebe schmecken, aber ihre Entscheidung war längst gefallen. Auch Miki seufzte. Es fühlte sich wie ein Abschied an. Groß wollte sie sein, daran gab es nichts zu rütteln, und mit zwei Jahren ist ein Eisbär schon so gut wie erwachsen. Es bedeutete jedoch auch, ausschließlich auf das süße Fett der Robben angewiesen zu sein. Und auf die Jagd danach würde sich Miki schon bald allein machen müssen.

Das dritte Jahr: Überleben

Ein plötzlicher Abschied

Der weiße Schatten tauchte wie aus dem Nichts auf. Er folgte ihnen, Schritt für Schritt. Erst war er nur ein Punkt am Horizont, doch er kam näher. Stück für Stück. Mama war nervös, das spürte Miki, und auch sie selbst wurde unruhig. Das Erscheinen des fremden Eisbären hatte nichts Gutes zu verheißen. Anfangs hatte Miki noch gedacht, er habe aus Zufall die gleiche Route wie sie eingeschlagen, aber irgendwann gab es keinen Zweifel mehr. Der fremde Eisbär, ein wahrer Riese, folgte ihnen. Oder besser gesagt: Er folgte Mama. Miki und Nuka störten ihn bei seinem Vorhaben bloß.

„Ihr müsst darauf achten, genug zu fressen", schärfte Mama ihnen ein. „Sonst überlebt ihr den Sommer nicht."

„Aber warum nicht?", wunderte sich Nuka. „Du passt doch immer auf, dass wir genug zu fressen haben."

„Ach, Nuka“, dachte Miki, die wieder einmal lange vor ihrem Bruder verstanden hatte, was Mama ihnen sagen wollte. Wenn sie sich nicht genug Speck anfressen konnten, würden sie im Sommer verhungern. Weil die Geschwister noch nicht so erfolgreich bei der Jagd waren wie Mama. Und weil Miki und Nuka im kommenden Sommer auf sich allein gestellt sein würden. Der Abschied rückte näher und schuld daran war der fremde Eisbär, der ihnen nun so nah war, dass Miki seinen beißenden Geruch ununterbrochen in der Nase hatte. Sie hasste ihn und das, was er ihnen antun würde. Nuka lief dicht hinter Mama her, als fürchtete er, sie könnte sich jeden Moment in Luft auflösen.

„Können wir eine Pause machen? Nur eine klitzekleine?", fragte Nuka.

„Nicht jetzt." Mama schielte zu dem fremden Riesen, dessen mächtige Umrisse sich auf dem blauen Himmel abzeichneten.

„Hast du Lust zu spielen?" Nuka lief zu Miki, richtete sich vor ihr auf und schlug mit der Tatze nach ihr.

Miki knurrte. „Merkst du es nicht?"

„Was denn?" Nuka legte den Kopf schief.

„Der fremde Eisbär", erwiderte Miki mit geschürzten Lippen.

„Sind wir etwa immer noch so klein, dass fremde Eisbären uns gefährlich werden können?"

„Ja, das auch, aber ... Ach, Nuka ... Du kapierst gar nichts." Miki schnaubte genervt. Es kam ihr vor, als seien sie auf der Flucht. Aber gab es überhaupt einen Ausweg? Der fremde Bär sah nicht so aus, als würde er aufgeben. Er hatte Mama ausgesucht. Miki konnte gut nachvollziehen, warum. Sie war offensichtlich eine gute Mutter. Zwei wohlgenährte Jungtiere folgten ihr. Jeder vernünftige Eisbär würde sie wählen, um im nächsten Winter seine eigenen Kinder auf die Welt zu bringen. Plötzlich packte Miki die Angst. Was, wenn sie nicht gut genug vorbereitet war?

„Mama“, sagte Miki fast panisch, „du musst mir alles sagen.“

„Was denn?“ Die Mutter hob erstaunt den Kopf. Ihre Schritte waren in den letzten Stunden langsamer geworden. Es war ihr anzusehen, dass sie zögerte, überlegte. Wie lange noch? Wie weit? Wann würde der weiße Riese die Geduld verlieren und die beiden Jungtiere mit Gewalt verscheuchen?

„Wie finde ich den richtigen Platz für eine Geburtshöhle?“, platzte Miki heraus. „Und woher weiß ich, wann ich mit meinen Jungen zum Meer wandern kann? Was mache ich, wenn die Beute nicht reicht?“

„Du wirst es spüren“, erwiderte Mama.

„Aber wie?“ Miki wollte Antworten. Sie wollte alles richtig machen, wenn sie selbst eine Familie hatte.

„Dein Herz wird es dir sagen. Und manchmal auch dein Bauch.“ Die Eisbärin berührte ihre Tochter sanft mit dem Maul am Hals.

„Aber ...“, erwiderte Miki. „Das reicht nicht. Du musst es mir erklären.“

Mama schüttelte sich. „Ihr habt alles gelernt, was es zu lernen gab. Es ist jetzt Zeit.“

„Zeit wofür?“ Nuka blinzelte verwirrt.

„Ach, Nuka", sagte Miki.

„Ach, Nuka", sagte auch Mama und wandte sich um.

„Das ist die falsche Richtung", rief Nuka erschrocken. „Dort ist der große Eisbär. Du hast selbst gesagt, dass große Eisbären gefährlich sind."

Miki stellte sich neben ihren Bruder, so nah, dass sich ihr Fell berührte. „Ja, für uns, du Doofkopf. Für sie aber nicht."

„Und ... warum nicht?" Nuka verstand nicht. Für einen Moment zögerte er, dann trabte er Mama hinterher. „Warte! Du darfst nicht ..."

Die Eisbärin fuhr herum und knurrte ihren Sohn an. Es war ein Laut so scharf und drohend, dass Nuka den Kopf einzog.

„Geh weg", fauchte Mama. „Oder er wird dich umbringen. Willst du das?"

„Nein, aber ..."

„Kein Aber", schnitt Mama ihm das Wort ab. „Es war lang genug. Geht jetzt und fangt euer eigenes Leben an. Ich muss eine neue Familie gründen."

„Aber *wir* sind doch eine Familie. Miki und du und ich." Nuka wimmerte. „Wer füttert uns, wenn du nicht mehr da bist? Wer passt auf?"

„Du selbst", erwiderte die Mutter. „Ab heute bist du deine eigene Familie. Ab heute fütterst du dich selbst und passt auf dich auf." Noch einmal wanderte ihr Blick zu Miki. Warm und voller Zuversicht fühlte er sich an.

„Wandere wohl und wandere weit", hauchte Miki.

„Wandere wohl und wandere weit", entgegnete Mama und ging davon, Schulter an Schulter mit dem fremden Eisbären. Miki und Nuka blieben zurück.

„Sie ist weg." Stundenlang hatte Nuka geschwiegen. Er hatte dagesessen, ohne dabei jenen Punkt am Horizont aus den Augen zu lassen, an dem Mama mit dem fremden Eisbären verschwunden war. Fassungslos. Miki war bei ihm geblieben, obwohl sie wusste, dass das Warten vergeblich war. Diesmal würde nicht einmal die größte Portion Geduld etwas an der Situation ändern. Und langsam war auch Nuka klar geworden, dass sie Mama an diesem Tag zum allerletzten Mal gesehen hatten.

„Hat sie ihn lieber als uns?", fragte er.

„Ich weiß es nicht." Miki überlegte, aber sie hatte tatsächlich keine Antwort darauf. Sie wusste nicht, wie es war, erwachsen zu sein und immer wieder aufs Neue eine Familie gründen zu wollen.

„Wir sollten auch gehen", sagte sie. Es war nicht gut, so lange an einem Ort zu verweilen. Sie musste weiterziehen. Wandern, jagen, ihr Leben leben.

„Bleibst du bei mir?" In Nukas Augen blitzte Hoffnung auf.

„Ja." Miki fand, dass das eine gute Idee war. „Wir bleiben zusammen."

Instinktiv wollte Nuka in jene Richtung laufen, in die Mama gegangen war. Miki aber rief ihn zurück. „Lass uns einen anderen Weg nehmen. Unseren Weg."

Zwei. Miki fand, dass das eine gute Zahl war. Zu zweit war man nicht allein. Zu zweit war die Stille nicht so tief und die Welt ein bisschen wärmer. Wenn sie sich neben Nuka in eine Mulde im Schnee kuschelte, fühlte sie sich geborgen. Für die Jagd teilten sie sich auf. Zu zweit sind die Chancen, Beute zu schlagen, doppelt so groß. Wenn Nuka nichts fing, war Miki erfolgreich. Wenn Miki zu langsam war, brachte Nuka die notwendige Geduld auf. Es war nicht viel, das Glück war nicht oft auf ihrer Seite, doch es reichte, um zu überleben.

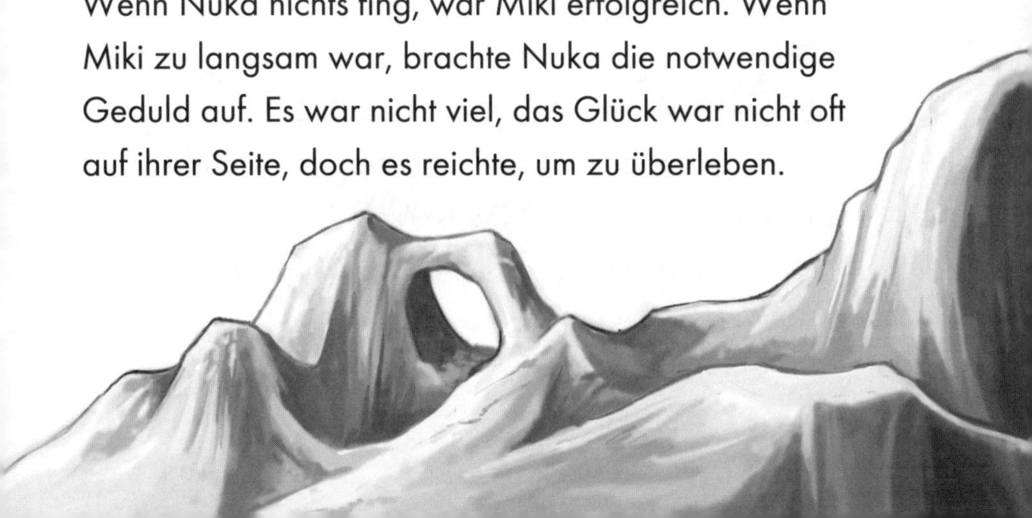

„Wir sind ein Team", stellte Nuka zufrieden fest. „Aber wohin wollen wir denn eigentlich? Hast du einen Plan?"

Miki stutzte. Dachte Nuka wirklich, sie würde ihn durch das Eis führen? „Ich weiß es nicht ... Wie wäre es, wenn wir einfach das nächste Atemloch suchen?"

„Prima! So machen wir's." Nuka schien erleichtert und trabte hinter Miki her, wie er einst Mama gefolgt war.

Sie fingen Robben, große und kleine. Nicht so oft wie Mama, aber zumindest manchmal. Gierig machte sich Nuka über das wertvolle Fett her. Er wuchs und wuchs, weit über Mikis Kopf hinaus.

„Lass mir etwas übrig", knurrte sie ungeduldig.

„Ich habe aber Hunger", protestierte Nuka, ohne dabei von der Beute abzulassen.

„Glaubst du etwa, ich nicht?" Miki versuchte vergeblich, ihren Bruder zur Seite zu drängen. „Wir müssen etwas Größeres jagen", sagte sie.

„Größer als Robben?" Nuka rieb sein Fell im Schnee sauber, während er angestrengt darüber nachdachte, was das zu bedeuten hatte. „Aber ... dann müssten wir ja Walrosse fangen. Oder Wale."

„Ja, das müssten wir", stimmte Miki ihm zu.

Nuka knirschte mit den Zähnen. Die Vorstellung, es mit so großer Beute zu versuchen, gefiel ihm offensichtlich nicht. „Aber das kostet viel Energie, und wenn es schiefgeht, sind wir hungriger als zuvor."

„Es gibt noch eine Möglichkeit", begann Miki, obwohl sie selbst nicht daran denken wollte.

„Ja?", hakte Nuka nach, als seine Schwester keine Anstalten machte weiterzusprechen. Die Geschwister sahen einander lange an, bis Nuka irgendwann wisperte: „Du meinst, dass auch wir uns voneinander verabschieden müssen." Die Traurigkeit in seiner Stimme zerriss Miki fast das Herz.

„Ich fürchte, es gibt keinen anderen Weg. Wir müssen allein zurechtkommen. Jeder für sich."

„Können wir nicht ...?" In Nukas Kopf begann es zu rattern. Er dachte fieberhaft nach, ob es nicht irgendeinen Weg gab, doch schlussendlich musste er es selbst einsehen. „Ich bin zu groß. Und zu gierig.
Und zu hungrig"

Einmal noch kugelten die Geschwister durch den Schnee, als seien sie zwei kleine Eisbären, die vor ihrer Geburtshöhle tollten. Nuka schlug einen Purzelbaum und Miki stürzte sich auf ihn, drückte ihn zu Boden, aber er war stärker als sie. Mit seinen Hinterpfoten schleuderte er Miki von sich und stellte sich über sie.

„Sei nicht zu mutig dort draußen", ermahnte er seine Schwester.

„Und du, hör nicht auf deine Angst."

„Das wird schwierig", gab Nuka zu. „Die Angst sagt nämlich, dass wir zwei zusammenbleiben sollten."

„Das sagt mir meine auch." Miki befreite sich aus dem Griff ihres Bruders und schüttelte sich. „Und trotzdem ... Wandere wohl und wandere weit, mein lieber Nuka."

„Ja, du auch. Pass auf dich auf." Nuka blieb stehen und Miki begriff, dass sie es sein musste, die den ersten Schritt machte. Er würde es nicht übers Herz bringen, sie zu verlassen.

„Es war schön, deine Schwester zu sein", stieß sie noch hervor. Dann begann sie ihre Wanderung.
Ohne Nuka. Allein.

Die weiße Endlosigkeit

Seit sie sich von Nuka getrennt hatte, war Miki unaufhörlich gewandert. Nur für ein gelegentliches Nickerchen unterbrach sie ihre Reise, deren Ziel die junge Eisbärin selbst nicht kannte. War das Wetter schön, legte Miki sich einfach auf den Boden und fiel sofort in einen traumlosen Schlaf. Bei Sturm und Schneefall suchte sie im Windschatten eines Eisblocks Schutz. Kaum hatte sie die Augen aufgeschlagen, sprang sie wieder auf die Beine, nur um erneut loszulaufen. Miki fühlte sich unendlich stark. Wie weit sie wohl gehen konnte? Wenn sie es bis zum Rand der Welt schaffte, konnte sie Akiak zuwinken. Miki zog es nach Osten. Sie wusste selbst nicht, warum. Irgendwann bekam sie Hunger. Miki machte sich auf die Suche nach einem Atemloch, und als sie fündig geworden war, legte sie sich davor, den Kopf auf die Kante gebettet, um möglichst viel Energie zu sparen.

„Man muss sich seine Kraft gut einteilen", hörte Miki Mama sagen. Es war, als habe sich ihre Stimme in Mikis Kopf eingebrannt. Sie konnte sich an alles erinnern, an jeden Ratschlag, jede Ermahnung. In ihrem Herzen saß Mama neben ihr an diesem Atemloch, geduldig und regungslos, Stunde für Stunde. Als die Robbe zurückkehrte, hatte Miki sie schon längst gespürt. Jede Faser ihres Körpers war gespannt wie die Sehne eines Bogens, bereit für den alles entscheidenden Sprung. Ein letzter Atemzug sollte es für das eine Wesen werden, eine Mahlzeit für das andere. Miki sah die schwarzen Augen aus der Tiefe auftauchen. Die junge Eisbärin rührte sich jedoch nicht. Dieser Moment war wichtig. Ihr Fell wirkte so weiß wie ihre Umgebung, und wenn sie alles richtig machte, war sie perfekt getarnt. Ihre Beute würde sie zwischen all dem Eis nicht erkennen. Kurz bevor die Robbe die Wasseroberfläche durchbrach, funkelte etwas in ihrem Blick auf. Eine Erkenntnis. Miki wusste, was das zu bedeuten hatte. Die Robbe wurde von ihrem Instinkt vor einer tödlichen Gefahr gewarnt. Blitzschnell verschwand sie wieder im dunklen Wasser. Verdammt! Alles umsonst. Miki stand auf. Es hatte jetzt keinen Sinn mehr, hier zu warten. Die Robbe würde das Atemloch eine ganze Weile nicht mehr aufsuchen, vielleicht würde sie es sogar aufgeben und es würde zufrieren. Miki musste weiterwandern, ein anderes Atemloch suchen, womöglich auch eine Wurfhöhle. Unbeirrt stapfte sie los. Es ist schließlich nichts Ungewöhnliches, wenn man einmal kein Glück hat.

Das Glück aber zeigte sich nicht. Fast schien es, als sei es bei Nuka geblieben. Jeder Jagdversuch verlief erfolglos, und während das Loch in Mikis Magen größer wurde, schrumpfte der Umfang ihres Körpers. Die Eisbärin zog dennoch unbeirrt weiter. Sie wanderte gen Norden, in der Hoffnung, das Glück dort zu finden. Mamas Stimme in ihrem Kopf war verstummt. Sie hatte Miki nie gesagt, was sie tun sollte, wenn das Glück sie verlassen hatte. Im Sommer waren sie geschwommen und hatten Vogelnester geplündert, doch was sollte Miki tun, wenn ihr im Winter jede Beute entwischte? Vermutlich hatte Mama nie davon gesprochen, weil sie selbst eine so gute Jägerin war. Miki versuchte also selbst, eine Antwort auf diese Frage zu finden. In ihrem Kopf war es jedoch so leise wie die Welt um sie herum. Niemals hätte Miki gedacht, dass Stille so laut sein kann. Sie dröhnte in ihren Ohren und Miki sehnte sich nach dem Schnaufen ihres Bruders, nach dem Knacken des schmelzenden Eises im Frühling. Nach irgendetwas, das darauf schließen ließ, dass sie nicht allein war. Hilflos fühlte sie sich. Und klein. Es war ein schrecklicher Gedanke, für dieses Leben allein vielleicht immer zu klein zu sein. Plötzlich wurde sie wütend.

Auf die Sonne, die ihnen das Eis immer früher raubte. „Verschwinde!“, fauchte Miki den glühenden Ball am Himmel an. „Lass mir das Eis, nur für dieses eine Jahr. Damit ich jagen kann, den ganzen Sommer lang.“ Die Sonne aber warf ihr Licht auf die feinen Schneekristalle und die ganze Welt schien Miki mit ihrem Funkeln auszulachen. Da wurde sie noch zorniger. Diesmal auf Mama, die ihr einen solchen Namen gegeben hatte.

„Wie soll ich jemals groß werden, wenn ich ‚klein‘ heiße?“, rief Miki in die Endlosigkeit. Für einen Augenblick blieb sie stehen und hoffte, das Eis würde ihr eine Antwort zurückschleudern. Doch die Stille blieb unverändert tief.

„Weitergehen“, sagte Miki sich irgendwann und würgte den brodelnden Zorn hinunter. Er schmeckte bitter, aber er verlieh der jungen Eisbärin die notwendige Kraft, um ihre Wanderung fortzusetzen. Wieder entdeckte Miki ein Atemloch, wieder wartete sie.

Diesmal tauchte auch nach vielen Stunden keine Robbe auf. „Blöde Robbe!" Miki knurrte und spürte zugleich einen fürchterlichen Stich im Herzen. Sie vermisste Nuka. Wie es ihm wohl gerade erging? Er, der das Glück behalten hatte und vermutlich gar nicht wusste, wie er seinen vollen Bauch über das Eis schleppen sollte. Miki trabte weiter, angetrieben von ihrer eigenen Verzweiflung.

„Hunger", schrie ihr Magen.

„Ich kann nicht mehr", jammerte jeder Muskel in ihrem Körper.

„Wir wollen uns hinlegen", schluchzten Mikis Pfoten.

„Weiter!", knurrte ihr Kopf.

Es kostete die Eisbärin unglaublich viel Kraft, aber sie setzte ihren Weg fort. Der Wille muss stärker sein, wenn er den Körper retten will. Doch dann passierte etwas, das Miki nicht in Worte fassen konnte. Sie spürte es nur. Irgendetwas fühlte sich anders an. Vierzehn Tage, nachdem sie zuletzt gefressen hatte, war es, als würde ihr Körper in einen anderen Zustand verfallen. Der Hunger hörte auf, obwohl sie nicht gefressen hatte, und ihr Körper schien für jeden Schritt weniger Energie zu benötigen. Es passierte ganz automatisch. Miki kam es vor, als würden ihre Muskeln und Organe in eine Art Energiesparmodus verfallen, der es ihr ermöglichte, auch ohne Futter zu überleben. Fasten. Mama hatte einmal davon gesprochen und Miki glaubte, nun endlich zu wissen, was sie damit gemeint hatte.

Vier Wochen, fünf Wochen ... Das Glück ließ auf sich warten, doch Miki erinnerte sich an Mamas Worte: „Ein Eisbär kann Monate ohne Nahrung auskommen, wenn er genug Fettreserven hat." Miki hatte nicht viel Speck auf den Rippen, aber eine Weile würde es bestimmt noch reichen.

„Weiter, weiter, weiter", sagte ihr Kopf. Also lief Miki. Das Eis begann unter der ungewöhnlich warmen Frühlingssonne zu schmelzen.

„Schon wieder zu früh", dachte Miki. Sie hatte das Gefühl, als lachte die Sonne hämisch, während sie die Lebensgrundlage aller Eisbären vernichtete.

„Hau ab", knurrte Miki, den Blick zum Himmel gewandt. Die Sonne, dieses verhasste Wesen, aber blieb.

„Du musst jagen, jagen, jagen, bevor es zu spät ist", wisperte ihr Kopf.

„Wie soll ich jagen, wenn ich nichts finde?", knurrte Miki zurück.

„Dann musst du eben besser suchen."

Miki knirschte mit den Zähnen, aber sie erwiderte nichts mehr. Es war sinnlos, mit sich selbst zu streiten. Sie hatte ohnehin keine Wahl. Wer stehen bleibt, den holt der Tod. Die Erde war weiß, der Himmel blau, die Sonne unbarmherzig hell. Wenigstens die Stille wurde jetzt vom vertrauten Knacken der aufeinanderprallenden Eisschollen durchbrochen. Aus Eis wurde Wasser, das im warmen Licht der Sonne verdampfte und die Luft feucht und schwer machte. Nebelschwaden zogen auf, bis die Welt aus einem undurchdringbaren grauen Schleier bestand. Jedes Jahr das gleiche Spiel, wenn der Sommer näher rückte. Und trotzdem war es diesmal anders. Diesmal war Miki allein.

Stopp! Miki blieb abrupt stehen. Irgendetwas war, wie es nicht sein sollte. Sie spitzte die Ohren. Was hatten diese Laute zu bedeuten? Sie klangen nach Jagd und

einem Ende, wie sie es sich in den letzten Wochen sehnlichst gewünscht hatte. Jemand war erfolgreich gewesen. Nein, nicht irgendjemand, sondern ein Eisbär. Die Neugier trieb Miki weiter. Je näher sie dem Geschehen kam, desto zögerlicher wurde sie jedoch. Sie kannte diesen Eisbären, doch woher? Erst als der Wind ein wenig drehte, konnte sie den scharfen Geruch zuordnen. Angst und Hass prallten in ihrem Herzen aufeinander. Panisch rief eine Stimme in ihr: „Lauf! Es ist der Eisbär, der dir Mama weggenommen hat.“ Mikis Beine gehorchten allerdings nicht. Regungslos stand Miki da, denn ihr Kopf und ihr Bauch waren unterschiedlicher Meinung. „Erinnerst du dich, was Mama getan hat, als sie vor Hunger kaum noch stehen konnte?“, fragte der Kopf. Miki dachte an ihre erste Wanderung zum Meer und die fremde Eisbärenfamilie, die ihr Walross mit ihnen geteilt hatte. „Ich soll *ihn* fragen?

Ausgerechnet *diesen* Bären? Nein, so verzweifelt bin ich nicht." Trotzig stemmte Miki die Beine in den Boden.

„Wirklich nicht?" In ihrem Bauch rumorte es laut, als wollte der Magen sie daran erinnern, wie lange Miki nichts mehr gefressen hatte. Der verlockende Duft von süßem Fett strömte ihr in die Nase.

„Vergiss deinen Stolz", befahl der Kopf dem Herzen.

„Geh zu ihm", bettelte ihr Magen. Miki schüttelte sich. Die lange Stille, die endlosen Wanderungen und der Hunger hatten Spuren hinterlassen. Sie war unschlüssig. Auf einmal erinnerte sie sich an das, was ihre Mutter gesagt hatte, bevor sie sich der fremden Eisbärin genähert hatte: „Wenn du selbst nicht weiterweißt, wenn aus Licht plötzlich Schatten wird, dann musst du um Hilfe bitten." Jetzt erst kapierte Miki, dass auch Mama nicht immer furchtlos war. Indem sie die andere Eisbärenmutter um einen Teil ihrer Beute gebeten hatte, hatte Mama Miki gezeigt, wie sie überleben konnte, wenn das Glück nicht bei ihr war. Es gab also gar nichts zu entscheiden. Der Stolz musste verstummen, die Wut verblassen. Miki musste jenen Eisbären, der schuld daran war, dass Mama sie verlassen hatte, um Hilfe bitten.

„Ich kenne dich." Der Eisbär machte sich nicht die Mühe, den Blick zu heben. Zögernd blieb Miki stehen und betrachtete die Beute, die vor seinen mächtigen Tatzen lag. Sie kam aus dem Meer, hatte Flossen und ein langes Horn, das aus ihrer Wange wuchs.

„Ein Narwal", erklärte der Fremde, weil er wusste, was für eine Seltenheit seine Beute war.

„Ich verhungere", gab Miki zu und schluckte. Das Fleisch des Narwals roch verlockend.

„Das überrascht mich. Deine Mutter hat mir viel von dir erzählt. Wie stark du bist und wie geschickt. Sie hat deine Geduld gelobt und deinen Mut. Und jetzt bettelst du mich an?"

„Ich bettle nicht", erwiderte Miki. Es tat gut zu hören, was Mama über sie gesagt hatte, und zugleich war es unerträglich schmerzvoll. Sie konnte die Erwartungen ihrer Mutter nicht erfüllen, weil das Glück ihr fehlte. „Ich bitte dich um Hilfe", fuhr Miki fort.

„Ist betteln etwas anderes als bitten?" Der fremde Eisbär hatte seinen größten Hunger gestillt und musterte Miki jetzt. Seine Haltung war abweisend, aber nicht feindlich. Wenn Miki sich richtig verhielt, würde ihr keine Gefahr drohen. Trotzdem senkte sie zur Sicherheit den

Kopf und machte einen Schritt zurück. Fieberhaft dachte sie über eine Antwort nach, doch der riesige Eisbär nahm Miki die Entscheidung rasch ab.

„Ich bin Utvak. Und so wie ich deinen Geschwistern, die im kommenden Winter auf die Welt kommen werden, das Leben geschenkt habe, sollst auch du dank mir weiter über dieses Eis wandern." Er vergrub seine Zähne noch einmal im glibberigen Speck des Narwals und wich dann ein Stück zur Seite. Ein Zeichen dafür, dass Miki den Platz neben ihm einnehmen durfte. Langsam näherte sie sich Utvak, in der Erwartung, er könnte seine Meinung jeden Moment ändern. Doch ein Eisbär wie er steht zu seinem Wort. Während Utvak das Fett des Wals für sich beanspruchte, machte sich Miki über die Muskeln her. Fressen. Sie spürte, wie die Wärme in ihren Körper zurückkehrte. Vorbei war die Zeit des blanken Überlebens, das sie in den letzten Wochen über das Eis gejagt hatte. Utvak hatte ihr eine zweite Chance gewährt, und sosehr sie ihn gehasst hatte, so dankbar war sie ihm jetzt. Gierig schlang sie das Fleisch hinunter. Bissen für Bissen füllte sich ihr Magen, bis er so voll war wie schon lange nicht mehr.

„Ich hatte einfach kein Glück", sagte sie, als sie endlich fähig war, ihre missliche Lage zu erklären.

„Glück?" Utvak schnaubte. „In einer Welt wie dieser regieren nur Leben und Tod. Das Glück hat hier keinen Platz." Er warf sich auf den Boden und rieb sein blutverschmiertes Kinn am Eis sauber. Miki nutzte die Gelegenheit, um das übrig gebliebene Fett hinunterzuschlingen.

„Glaub nicht ans Glück, kleine Miki. Glaub an dich", sagte Utvak noch, bevor er dem Horizont entgegentrottete.

Ein neuer Freund

Wieder war Miki allein, diesmal aber fühlte es sich anders an. Sie war satt und sie hatte etwas Wertvolles gelernt: „Glaub an dich, nicht an das Glück." Sie hatte gedacht, ohne das Glück sei sie hilflos, aber das stimmte nicht. Sie allein war für ihr Schicksal verantwortlich. Plötzlich fühlte sich Miki mächtig. Mit vollem Magen zog sie los, um Beute zu schlagen. Der Frühling war mittlerweile angebrochen, es wurde warm und die Sonne stand viele Stunden am Himmel, bevor sie sich und der Welt eine kurze Pause von ihrem Strahlen gönnte. Miki beachtete sie nicht weiter. Der Leuchtball war ein Wesen, das man nicht beeinflussen konnte. Sollte die glühende Kugel dort oben doch treiben, was sie wollte.

Nach einigen Tagen nahm Miki eine Fährte auf. Walrosse. Sie näherte sich ihnen langsam. Erst in großen Schleifen, dann im Zickzack. Penibel achtete sie darauf, woher der Wind kam. Die Walrossherde durfte ihre Ankunft nicht bemerken und deswegen musste sie es unbedingt vermeiden, dass auch nur ein Hauch ihres Dufts zu ihnen geweht wurde. Man braucht den Wind zum Freund, wenn man sein Ziel auf diese Weise erreichen möchte.

„Dreh ein bisschen“, beschwor Miki ihn. „Komm von weiter westlich, damit sie mich nicht riechen.“ Und der Wind tat, worum Miki ihn bat. Ganz nah kam sie den Tieren und beobachtete, wie sie sich am Strand sonnten. Rund und fett lagen sie auf den Felsen. Schwerfällige Fleischklopse, die sich an Land nur mühevoll fortbewegen konnten. Im Wasser sah die Sache allerdings anders aus. Wie Pfeile schossen die Walrosse durchs Meer. Schnell, wendig, unerreichbar. Miki überlegte. Der Wind stand immer noch günstig. Sie hätte über den Abhang hinunter in die kleine Bucht stürmen und die Herde überraschen können. Aber die Tiere lagen nah am Wasser. Manche mussten sich nur von den Steinen in die Wellen fallen lassen, um für immer zu verschwinden.

„Wenn ich sie nur dazu zwingen könnte, an Land zu bleiben.“ Der Blick der Eisbärin blieb an den mächtigen Stoßzähnen eines Walrosses hängen. Sie konnten tiefe

Löcher in Mikis Fleisch reißen. Keines der Tiere würde kampflos aufgeben.

Miki überlegte weiter. Noch vor Kurzem hätte sie gedacht, dass sie nur Glück brauchte, aber jetzt wusste sie es besser. Sie brauchte eine Strategie. Und dann war ihr plötzlich klar, was sie zu tun hatte.

Das Wasser umschloss sie. Miki spürte, wie sich die Haare ihres Fells an ihren Körper legten und sie vor der nassen Kälte schützten. Nur ein kleiner Teil ihres Kopfes ragte aus den Wellen. Wie eine winzige Eisscholle, die sich dem Land näherte. Miki war umgekehrt und in die nahe gelegene Bucht gelaufen. Von dort war sie losgeschwommen und steuerte nun vom Meer aus auf die Walrossherde zu. Hin und wieder reckte eins der Tiere das Haupt, um sich nach einer möglichen Gefahr umzusehen, doch kein Räuber schlich sich über die Abhänge heran und das schützende Wasser war nah. Die Walrosse fühlten sich sicher. Ein besonders großes Exemplar rollte sich zur Seite und stieß ein genüssliches Schnauben aus. In diesem Moment berührten Mikis Pfoten den Meeresboden und sie richtete sich im Wasser auf. Ihr Angriff kam so unvermittelt, dass die Tiere in Panik gerieten.

Sie wollten von den Felsen springen, doch dort unten in ihrem geliebten Meer schwamm der Eisbär. Miki sprang hin und her, um zu zeigen, mit wem die Herde es zu tun hatte. Unbeholfen robbten die Tiere weiter an Land, stießen einander zur Seite, um das eigene Leben irgendwie zu retten. Manche, die Mutigen und Schlauen, sprangen trotzdem von den Felsen, weil sie ahnten, dass Miki sie nicht alle töten konnte. Trotz des Tumults wusste die junge Eisbärin schnell, welches Tier ihr gehören sollte. Es war ein mittelgroßes Exemplar, nicht mehr ganz jung und etwas schwerfälliger als seine Artgenossen. Entweder war es krank oder vielleicht sorgte eine alte Verletzung dafür, dass es die Bewegung an Land so viel Kraft kostete. Von der Angst getrieben robbte das Walross über den Strand. Weg, nur weg wollte es und kam dabei kaum voran. Als es zwischen zwei Felsen verschwand, war Miki schlagartig bei ihm und setzte zum ersten Angriff an.

Das Walross fuhr herum, hackte mit seinen Zähnen nach Miki, aber sie war wendiger. Sie sprang zurück, nur um wenige Augenblicke später erneut mit ihren Pranken auf das Tier einzuschlagen. Mikis Beute hatte sich in ihrer Panik selbst von der Herde isoliert und der Abstand zwischen ihr und ihren Freunden, von denen ein Großteil bereits im Wasser war, wurde größer und größer. Miki wusste, dass sie gute Chancen hatte, aber das Walross gab nicht kampflos auf. Immer wieder schlug es mit seinen Zähnen nach ihr. Die Eisbärin stürzte sich erneut auf das Walross, das sich mit einer erstaunlich geschickten Bewegung zur Seite drehte. Miki spürte einen scharfen Schmerz in ihrer Schulter. Etwas Spitzes bahnte sich seinen Weg in ihren Körper. Miki schreckte zurück, aber nur für einen Augenblick. Die Spannung, unter der sie stand, unterdrückte das dumpfe Klopfen der Verletzung. Wieder und wieder griff sie an, wieder und wieder verletzte sie das Walross, dem langsam die Kraft ausging. Mit dem Blut, das sich über die Felsen ergoss, floss Tropfen für Tropfen das Leben aus ihm heraus. Die Herde war längst in den Weiten des Polarmeers verschwunden. Ein Walross weniger. Was ist das schon, wenn Dutzende sich retten können? Während Miki Bissen für Bissen hinunterschlang, bekam sie Besuch. Unter den Möwen hatte sich die gute Nachricht schnell herumgesprochen.

„Eisbär! Eisbär!", riefen sie und schlugen mit den Flügeln, als wollten sie Miki zu ihrem Erfolg gratulieren.

„Futter! Futter!", krakeelten die Neuankömmlinge, deren Augen beim Anblick des toten Walrosses funkelten.

„Lästige Flatterdinger", knurrte Miki genervt, weil sie lieber in Ruhe gefressen hätte. Sobald die Möwen jedoch die ersten Fleischstücke im Schnabel hatten, hielten sie wenigstens die Klappe. Mit anderen Eisbären zu teilen, war eine bewusste Entscheidung. Die Möwen aber stahlen sich ihren Anteil einfach und taten so, als sei es das Selbstverständlichste der Welt.

In der Tundra regte sich das Leben. Wach geküsst von der Frühlingssonne, reckten die Pflanzen ihre Köpfe aus der Erde und der Duft der Kräuter zeigte unmissverständlich, dass der Sommer näher rückte. Miki hatte in den Wochen zuvor so viel gefressen, dass sie der warmen Jahreszeit unerschrocken entgegenblickte. Sie wusste, dass ihr erster Sommer allein nicht ihr letzter sein würde. Als sie des Wanderns überdrüssig wurde, ging sie ins Wasser und schwamm los. Hundert, zweihundert, dreihundert

Kilometer, immer gen Norden, bis sie auf eine Insel traf. Nach wenigen Schritten an Land spürte sie es: Andere Eisbären waren in der Nähe. Neugierig zog sie über das kurze grünbraune Gras, das die Insel mit ihren sanften Hügeln bedeckte. Seltsame runde Dinge, die Miki noch nie zuvor gesehen hatte, lagen herum. Es waren Fässer, wie die Eisbärin später erfahren würde. Die Menschen bewahrten darin die stinkende Flüssigkeit auf, mit der sie ihre brummenden Blechkisten zum Laufen brachten. Der Geruch bereitete Miki schreckliche Kopfschmerzen. Sie lief weiter, bis im dichten Nebel ein Gebäude auftauchte. Dann ein zweites, ein drittes und auch noch ein viertes. Ein Menschendorf. Unweigerlich schossen der Eisbärin all die Warnungen ihrer Mutter durch den Kopf. „Meide die Menschen! Sie bringen nur Unheil." Miki aber konnte schwören, dass die Zweibeiner diese Insel schon längst verlassen hatten. Ihre Höhlen aus Stein und Holz hatten sie dem Verfall geschenkt, der mit seinen spitzen Zähnen Schicht für Schicht vom Mauerwerk abnagte. Der Sturm hatte zahlreiche Ziegel von den Dächern gerissen, auf der Wiese lagen Bretter und Türen. Miki sah sich erstaunt um. Sie umrundete das Haus und wunderte sich, dass etwas, das von Menschenhand stammte, so vertraut roch.

„Willst du reinkommen?" Der Kopf des Eisbären war so plötzlich in dem Fensterrahmen aufgetaucht, dass Miki erschrocken einen Satz zur Seite machte. Sie wusste nicht, ob sie flüchten oder sich verteidigen sollte.

„Es gibt noch jede Menge Platz", fuhr der Eisbär fort. Er war jung. Vermutlich war er im selben Jahr zur Welt gekommen wie Miki und nichts an seiner Körperhaltung deutete an, dass er sie attackieren wollte. Das wäre auch schwierig gewesen, denn das Fenster, aus dem er blickte, war viel zu klein, um hindurchzuspringen und sich auf Miki zu stürzen.

„Pass auf! Da unten liegen Glasscherben. Die tun an den Pfoten weh." Der andere Eisbär beugte den Kopf etwas weiter aus dem Fenster und blickte auf das Gras, in dem scharfkantige, farblose Stücke lagen, die Miki an Eis erinnerten.

„Ich heiße Panuk und wer bist du?"

„Miki."

„Das heißt ‚klein'", stellte Panuk fest. „Trotzdem ... schöner Name."

„Danke." Miki wunderte sich. Panuk war so anders als alle fremden Eisbären, denen sie bisher begegnet war.

„Also, willst du jetzt reinkommen? Der nächste Sturm kommt bestimmt bald."

„Ich ..." Miki zögerte. Sie wusste nicht, was sie von der Situation halten sollte. Ihr gegenüber stand ein Eisbär, der es sich offensichtlich in einer verlassenen Menschenhöhle gemütlich gemacht hatte.

„Es ist schön hier drin", fuhr Panuk fort, und weil Miki sich immer noch nicht vom Fleck rührte, fügte er hinzu: „Und ich tu dir nichts."

„Das habe ich auch gar nicht gedacht", erwiderte Miki, obwohl das nicht ganz der Wahrheit entsprach. Nach dem ersten Schreck beruhigte sich ihr pochendes

Herz allmählich wieder und das Gefühl in ihrem Bauch sagte ihr, dass von Panuk keinerlei Gefahr ausging. In der Ferne grollte der Donner.

„Siehst du?", sagte Panuk. „Der Sturm kommt. Die Tür ist auf der anderen Seite. Durchs Fenster passt du nicht." Panuk schien jetzt davon auszugehen, dass Miki ihm Gesellschaft leisten würde. Er verschwand in der Dunkelheit seines Verstecks und nach kurzem Zögern trottete Miki ums Eck. Dort entdeckte sie tatsächlich einen Eingang, zu dem ein paar Stufen emporführten. Irgendjemand hatte die Tür aus den Angeln gerissen und in dem Durchgang stand nun Panuk, der freundlich brummte: „Hereinspaziert!"

Miki kletterte über die Stufen und folgte ihm ins Innere. Hier roch es viel deutlicher nach Menschen, aber es war herrlich dunkel. Vom Eingangsbereich gelangte man in mehrere Räume.

„Dort hinten wohnt Nukilik. Sie ist unfreundlich, du solltest ihr besser aus dem Weg gehen", erklärte Panuk. „Wir bleiben einfach da vorn, verstanden?"

Miki wunderte sich. Über das Haus und den jungen Eisbären, der sie behandelte, als sei sie seine Schwester. Er ließ sich in dem Zimmer auf den Boden fallen und rollte sich genüsslich zusammen. Miki warf einen Blick aus dem Fenster und schreckte im selben Moment wieder zurück. Aus dem Haus nebenan starrten gleich zwei Eisbären, eine Mutter und ihr Junges.

„Wie viele von uns sind hier?"

„Zehn? Elf? Ich habe den Überblick verloren", erwiderte Panuk, ohne die Augen zu öffnen. „Die Insel ist ein gemütlicher Ort. Die stinkenden Fässer stören ein bisschen, aber sonst ..." Er gähnte herzhaft und Miki merkte, dass er lieber schlafen wollte, als ihr Dinge zu erklären, die sie selbst herausfinden konnte.

Es war ein schöner Sommer. Immer wieder kamen neue Eisbären an und zogen in die Häuser ein, während andere aufbrachen. Miki und Panuk vertrieben sich die Zeit damit, über die Insel zu streifen, obwohl es dort nicht viel zu sehen gab. Manchmal fuhren in der Ferne große Gebilde auf dem Wasser vorbei. Schwimmende Häuser, die brummten und streng rochen.

„Keine Sorge", sagte Panuk, als Miki beim Anblick eines Bootes die Lippen schürzte, weil es der Insel näher kam als die anderen zuvor. „Die Menschen trauen sich nicht hierher."

„Warum bist du dir so sicher?", wollte Miki wissen.

„Weil sie sich vor uns fürchten."

Miki wunderte sich. Wenn Mama über die Menschen gesprochen hatte, dann hatte es so geklungen, als kannten sie keine Angst. Warum auch? Sie hatten schließlich ihre Knallstöcke.

„Ein Mensch wird niemals freiwillig auf dich zugehen", fuhr Panuk fort. „Und er wird dich nicht beißen, solange du genug Abstand zu ihm hältst."

„Woher willst du das wissen?" Miki ließ das Boot nicht aus den Augen. Es war langsamer geworden und sie erkannte ein paar Menschen, die aufgeregt gestikulierend zu ihnen herüberzeigten.

„Weil meine Mama das gesagt hat."

Da verstand Miki, dass Mütter wohl auch unterschiedliche Ansichten haben konnten.

„Ich habe Hunger", sagte Miki, als der Sommer weit fortgeschritten und vom Fett des letzten Winters nur noch eine dünne Schicht übrig war.

„Wer nicht?", meinte Panuk. „Aber wir müssen uns gedulden. Der Winter kommt mal wieder später."

„Woher weißt du das?"

„Die Vögel haben es mir gezwitschert." Panuks Blick war ernst. Für ihn war es wohl das Normalste auf der Welt, sich mit den kreischenden Flatterdingern zu unterhalten. Als könne er Mikis Gedanken lesen, fuhr er fort: „Man muss Geduld mit ihnen haben. Irgendwann sagen sie einem, was man wissen will."

„Du bist seltsam", stellte Miki fest.

„Ich weiß." Panuk schien sich daran nicht zu stören.

Miki behielt also den Himmel im Auge. Sie hob die Nase in den Wind und versuchte festzustellen, ob er schon vom Winter erzählte. Aber der Wind blieb ruhig. Er trieb keine Schneeflocken heran, keine Wolkengebirge, keine Kälte. Die Vögel wussten es tatsächlich besser. Das Eis würde auf sich warten lassen.

„Weit im Osten liegt ein Dorf", begann Panuk eines Tages. „Angeblich gibt es dort eine Müllhalde, auf der man unendlich viel zu fressen finden kann."

„Was ist das, Müllhalde?", fragte Miki neugierig, die gerade ein altes Fass über die Wiese rollte.

„*Die* Müllhalde." Panuks Augen begannen zu leuchten. „Und sie soll ein wunderbarer Ort sein. Die Menschen bewahren dort all das Futter auf, das sie selbst nicht mehr fressen wollen. Es gibt Fisch und Fleisch und Dinge, die du im Eis niemals finden wirst. Gute Dinge. Salzige und süße, und sie machen satt, bis das Eis dick genug für die Jagd ist."

Miki verspürte augenblicklich ein seltsames Verlangen nach diesem Ort. „Das klingt herrlich." Trotzdem sank ihr Herz ein wenig tiefer. „Aber die Menschen?"

Panuk schien sich darüber keine Gedanken zu machen. „Wenn wir kommen, bleiben sie vermutlich in ihren Häusern."

„Und wenn nicht?"

Panuk sah Miki unverwandt an. „Hast du etwa Angst?"

„Nein ...", erwiderte Miki schnell. „Aber ... Vielleicht kommt das Eis ja doch rechtzeitig. Dann müssen wir gar nicht ins Menschendorf."

„Wir werden sehen." Panuk beobachtete eine Möwe, die sich mit ausgebreiteten Schwingen vom warmen Luftstrom tragen ließ.

Eine Horde Eisbären

Die Eisbären waren nicht mehr lange auf der Insel geblieben. Einer nach dem anderen war ins Wasser gestiegen und in Richtung Festland geschwommen. Auch Miki und Panuk hatten sich irgendwann auf den Weg gemacht, und weil Miki eine geübte Schwimmerin war, war sie viel schneller als ihr Freund gewesen.

„Wir sehen uns bei der Müllhalde", hatte Panuk ihr hinterhergerufen.

„Falls das Eis nicht kommt", hatte Miki geantwortet und war davongezogen.

Irgendwann war sie auf Land gestoßen, hatte sich das Wasser aus dem Fell geschüttelt und war weitergewandert. Es war immer noch warm und die Schneeflocken, die vom Himmel fielen, waren nass. Miki ging also nach Osten. Sicher war sicher. Sollte das Eis nicht pünktlich kommen, wäre sie wenigstens schon in der Nähe der Müllhalde. Immer wieder warf sie einen

Blick über die Schulter. Von Panuk aber war weit und breit nichts zu sehen. Vielleicht hatte sie ihrem Freund nicht gut genug zugehört, als er ihr die Lage des Dorfs beschrieben hatte. Während sie an ihrem Orientierungssinn zweifelte und die Hoffnung auf ein Wiedersehen langsam aufgab, spürte sie jedoch, dass sie nicht länger allein war. Es war zwar nicht Panuk, den sie wahrnahm, aber ein anderer Eisbär. Und dann noch einer und noch einer. Und noch einer. Jeder von ihnen hatte eine unverkennbare Duftnote, die Miki entschlüsseln konnte, lange bevor sie einander sahen.

Irgendwann tauchte am Horizont der erste Eisbär auf, dem in den kommenden Tagen viele weitere folgten. Es waren vorwiegend männliche Tiere, aber auch ein paar Weibchen befanden sich unter jenen, die gemeinsam Richtung Osten wanderten. Miki entdeckte sogar Mütter mit ihren Jungen. Eine wurde von drei etwa einjährigen Eisbären begleitet und Miki hätte sie gern gefragt, wie sie bloß so viel Beute schlagen konnte, um sie alle satt zu machen. Die Bären hielten einen respektvollen Abstand zueinander und keiner von ihnen machte Anstalten, einen Artgenossen anzugreifen. Es war nicht die Zeit für Kämpfe. Es war Zeit, zusammen nach Fressen zu suchen.

Nach einigen Tagen erreichten die Eisbären ein Dorf. Ihre Zahl war auf über zwei Dutzend angestiegen und je näher sie ihrem Ziel gekommen waren, desto geringer war die Distanz zwischen ihnen geworden. Am Rand der Menschensiedlung wurden sie bereits von anderen Eisbären erwartet. Mikis Herz machte einen Hüpfer, als sie erkannte, wer sich unter ihnen befand. Panuk. Er musste eine Abkürzung genommen haben. Miki wäre gern zu ihm gelaufen, um ihn zu begrüßen, aber eine unangenehme Spannung lag in der Luft, als die beiden Gruppen aufeinandertrafen. Ein kräftig gebauter Eisbär, dessen linkes Ohr tief eingerissen war, hob den Kopf, um den Herannahenden zu zeigen, wer das Sagen hatte.

„Was will der?", knurrte ein Männchen dicht neben Miki.

„Spielt wohl den Chef", brummte ein anderer, über dessen Gesicht sich eine breite Narbe zog. Er hob ebenfalls den Kopf, um zu verdeutlichen, dass er sich niemandem so einfach unterwerfen würde. Miki verlangsamte ihre Schritte. Sie wusste, dass sie gegen die Männchen keine Chance hatte, und ihr Interesse daran, die führende Position in dieser Gruppe einzunehmen, hielt sich ohnehin in Grenzen. Sie wollte nur eins: fressen.

„Ihr kommt spät“, stellte der große Eisbär mit dem verletzten Ohr fest. „Ich bin Aniu, euer Anführer.“ Über Panuks Gesicht huschte ein Schatten und Miki schloss daraus, dass ihr Freund die Rolle des Ranghöchsten ebenfalls gern eingenommen hätte.

„Bist du das? Aniuuu …“ Der Bär mit der Narbe im Gesicht zog den Namen spöttisch in die Länge. Instinktiv wichen die kleineren und schwächeren Tiere zurück. Aniu und das Narbengesicht aber traten aufeinander zu. Miki nutzte die Gelegenheit, um in Panuks Nähe zu huschen.

„Was passiert jetzt?“, fragte sie leise.

„Sie legen die Rangordnung fest“, erwiderte Panuk. „Aber ich weiß, dass Aniu gewinnen wird. Er gewinnt immer.“ Panuk knirschte mit den Zähnen.

Miki beobachtete den Eisbären, der mindestens ein Jahr älter war als sie selbst. Anius Bewegungen waren trotz seiner Größe geschmeidig. Er musste ein erfolgreicher Jäger sein, denn er war nicht so abgemagert wie die meisten anderen.

„Du willst Streit?“ Aniu verlagerte das Gewicht auf seine Hinterpfoten und richtete sich auf.

„Ich will nur zeigen, dass ich mich nicht herumkommandieren lasse“, knurrte der andere und tat es Aniu gleich.

In dieser Position war er mehr als einen Kopf kleiner, aber das schien ihn nicht an seiner Stärke zweifeln zu lassen.

„Und ich werde dir zeigen, dass ich so nicht mit mir sprechen lasse." Aniu riss sein Maul auf und zeigte dem Gegner die Zähne. Der zögerte nicht und stieß Aniu die Vordertatzen gegen die Brust.

„Das ist alles?" Aniu wehrte den Angriff mühelos ab und schlug im nächsten Moment selbst zu. Wieder und wieder trafen seine riesigen Tatzen den Gegner, der schon bald das Gleichgewicht verlor.

Er landete auf allen vieren und Aniu auf ihm. Er biss dem Narbengesicht in die Schulter. Nicht zu fest, denn keiner der Anwesenden war hier, um Blut zu vergießen, aber kräftig genug, um zu zeigen, wozu er in der Lage war. Das Narbengesicht befreite sich aus seiner misslichen Lage, um eine erneute Attacke zu starten. Er schlang die rechte Vorderpfote um Anius Hals, während er vergeblich versuchte, ihn zu Boden zu drücken.

„Du wirkst erschöpft", stellte Aniu fest. Wieder richtete er sich auf und verpasste dem Gegner einen kräftigen Hieb. Das Narbengesicht schien sich zu ärgern. Er sprang und vergrub seine Zähne in Anius Genick. Der drehte sich geschickt im Kreis, warf den Kopf nach hinten und bekam tatsächlich die Wange seines Herausforderers zu fassen. Diesmal biss er fester zu. Miki sah den Schmerz, der in den Augen des Narbengesichts aufblitzte. Dieser Augenblick der Unachtsamkeit genügte. Aniu warf sich über ihn. Das Narbengesicht strauchelte, verlor das Gleichgewicht und Aniu nutzte die Gelegenheit, um seinen Gegner auf den Boden zu drücken. Rücklings lag er dort und versuchte verzweifelt, sich zu wehren, aber es war aussichtslos. Aniu lag auf ihm, so schwer, dass der andere nach Luft rang. Mikis Bewunderung wuchs ins Unermessliche. Immer wieder biss Aniu dem Narbengesicht ins Fell, und obwohl mittlerweile klar war, wer der Stärkere war, hörte er nicht auf. Aniu wusste, dass es ein deutliches Zeichen brauchte, um den Platz als Oberhaupt für sich zu beanspruchen. Erst als das Narbengesicht sich nicht mehr wehrte, ließ er von ihm ab.

„Hast du genug?", schnaubte Aniu.

„Fürs Erste", erwiderte der andere und senkte sein Haupt als unmissverständliches Zeichen der Unterwerfung.

„Gut." Aniu schüttelte sich. „Dann können wir ja endlich anfangen."

Sie standen auf der Anhöhe und blickten auf die Dächer der Häuser, auf Zäune, auf Straßen und Autos, die mal stehen blieben und sich plötzlich wieder bewegten.

„Das Wichtigste ist, dass ihr den Menschen aus dem Weg geht", schärfte Aniu der Gruppe ein. „Sie tun nichts, wenn man sie ignoriert."

„Und ihre Feuerstöcke?", fragte eine Eisbärin. Sie war etwas kleiner als Miki und wirkte nervös.

„Solange ihr nicht in ihre Häuser geht oder sie angreift, beißen sie nicht", versprach das Oberhaupt. „Die Müllhalde liegt auf der anderen Seite des Dorfes. Ihr könnt aber auch in den Gärten nachsehen. Manchmal trocknen sie Fisch auf ihren Schnüren."

Miki wurde mulmig zumute. Ihr war, als würde sie Nukas Stimme in ihrem Kopf hören: „Geh nicht zu den Menschen."

Miki hob die Lefzen. „Hau ab, Nuka. Du warst schon immer ein Feigling." Sie musste sich konzentrieren, all ihren Mut zusammennehmen, um Aniu zu folgen, der bereits den Hang zum Dorf hinabstieg. Nur wenige taten es ihm gleich. Die meisten zögerten. Sie wussten, was auf dem Spiel stand. Wahrscheinlich hatten ihre Mütter ihnen ebenso mahnende Worte eingeschärft, wie Mikis Mama es getan hatte. Selbst Anius sprudelndes Selbstbewusstsein konnte ihre Angst nicht verscheuchen. Miki setzte eine Pfote vor die andere.

„Kommst du?", fragte sie und blickte über die Schulter zu Panuk. Der aber stand wie versteinert da.

„Ich ...", begann er. „Warte noch. Wenn man das Dorf umrundet, ist man schneller bei der Müllhalde, habe ich gehört. Aniu will nur zeigen, wie mutig er ist."

Miki schnaubte. So beunruhigt kannte sie ihren Freund gar nicht. Es war schließlich Panuk gewesen, der ihr von der Angst der Menschen erzählt hatte. Warum also fürchtete er sich jetzt so sehr? Miki hingegen hatte ihren Entschluss längst gefasst. Jetzt noch einen Rückzieher zu machen und sich jenen anzuschließen, die einen einfacheren Weg suchen wollten, wäre ein Zeichen von Schwäche gewesen. Miki merkte, wie Aniu sie unauffällig beobachtete.

„Wie du meinst", sagte sie also schnell zu Panuk und machte sich an den Abstieg. Das Narbengesicht lief nur wenige Meter neben ihr.

„Die guten Bissen gehören den Starken", knurrte er.

„Ich weiß", erwiderte Miki mit vorgestrecktem Kinn. „Also stell dich besser hinten an." Ihr Herz raste bei diesen Worten, aber die letzte Niederlage lastete noch schwer auf dem Narbengesicht. Kaum merklich senkte er den Kopf. Manchmal, das lernte die junge Eisbärin in diesem Moment, ist körperliche Stärke nicht alles.

Vier waren sie. Vier Eisbären, die durch die Straßen zogen. Aniu, das Narbengesicht, Miki und ein Eisbär, der auf den Namen Nevis hörte. Es war früh am Morgen und hinter den Fenstern gingen nach und nach die Lichter an. Miki spürte, wie die Anspannung in der Luft zunahm.

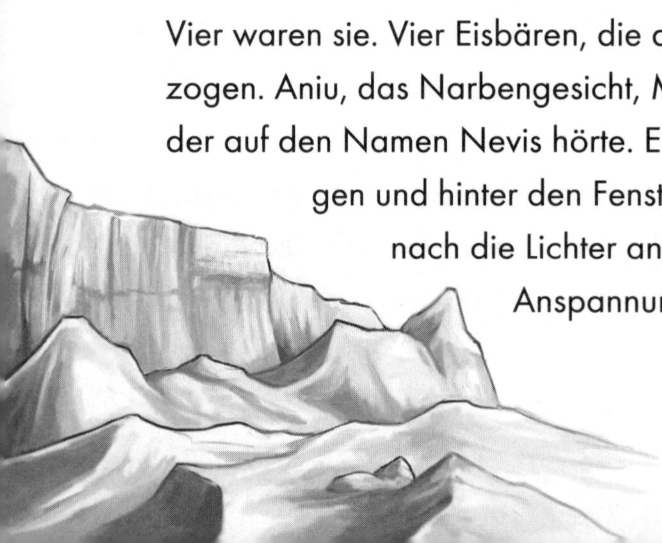

Autos wurden langsamer, wenn sie an ihnen vorüberfuhren. Irgendwo wurde eine Tür zugeknallt.

„Weitergehen", brummte Aniu. „Sie gewöhnen sich an uns."

Hinter den Fenstern tauchten jetzt Gesichter auf, junge und alte, Männer und Frauen. Miki konnte den Ausdruck darin nicht einordnen. Hatten sie tatsächlich Angst? Ein Wesen, das andere töten kann, ohne auch nur in seine Nähe zu kommen, muss sich doch vor nichts und niemandem fürchten.

„Ich schau mir das mal genauer an." Das Narbengesicht schwenkte nach rechts und trottete in eine Gasse. Dort standen, eng aneinandergereiht, überquellende Mülltonnen, die einen fremden, doch zugleich verführerischen Duft verströmten. Es dauerte nicht lange und der Eisbär hatte den ersten Leckerbissen gefunden. Miki spürte, wie ihr das Wasser im Maul zusammenlief.

„Es gibt noch viel mehr davon." Aniu hatte ihren Neid sofort bemerkt. „Geduld zahlt sich auch hier aus."

Mit jedem Schritt, den die Bären tiefer in das Dorf vordrangen, wurde das Knistern in der Luft lauter. Miki hörte das Raunen hinter den Mauern und sah, wie Gestalten von einer Tür zur nächsten huschten. Leise, unauffällig, vorsichtig. Die Menschen waren ganz anders, als Mamas Worte sie in Mikis Vorstellung geformt hatten. Langsam erkannte sie, dass Panuk recht hatte: Die Menschen hatten Angst vor ihnen. Selbst jene, die Stöcke hielten, hatten es eilig, ans Ziel zu kommen.

„Meine Schwester ist von einem solchen Feuerstock zu Tode gebissen worden." Nevis, der bisher still gewesen war, beobachtete einen Mann, der mit seinem Gewehr in ein Auto stieg. „Draußen auf dem Eis. Die Menschen haben gejagt und alles hat nach Robbenfleisch gerochen. Wer hätte da widerstehen können ..."

„Gier ist tödlicher als Ungeduld", erwiderte Aniu.

„Wo ist denn diese Müllhalde?", lenkte Miki die Konzentration ihrer Begleiter wieder auf ihr Ziel. Die Häuser standen jetzt weniger dicht zusammen und Miki beschlich die Sorge, sie könnten sich geirrt haben. Vielleicht gab es diese Müllhalde gar nicht. Da tauchten sie wie aus dem Nichts auf: Hügel. Im ersten Moment dachte Miki, der Boden sei von eigenartigen Dingen überwuchert, dann aber wurde ihr klar, dass die Hügel aus Gegenständen bestanden. Die Menschen hatten alles, was sie nicht mehr brauchten, achtlos hierhergeworfen.

„Riecht ihr das?", fragte Aniu.

„Futter!“ Nevis wühlte sich durch den Müll und schmatzte genüsslich. „Gut“, brummte er mit vollem Maul. „Keine Robbe, aber trotzdem nicht schlecht.“

Aniu sah zufrieden aus. „Worauf warten wir dann noch?“, fragte er an Miki gewandt, die daraufhin den Kopf ein wenig senkte.

„Du zuerst“, forderte sie ihn auf, weil sie wusste, wo ihr Platz war. Während Aniu sich im hinteren Bereich der Müllhalde umsah, blieb Miki mit Nevis etwas weiter vorne. Nie hätte sie gedacht, dass irgendwo auf der Welt ein Ort wie dieser existieren könnte. Je tiefer sie grub, desto köstlicher wurde das, was sich unter all dem Schrott verbarg. Es war tatsächlich wie im Paradies. Aus den Augenwinkeln erkannte sie, wie mehr und mehr Bären auf die Müllhalde strömten.

„Na, schon satt?“

Miki drehte sich um und erkannte Panuk.

„Na, endlich hier?", erwiderte die junge Eisbärin, woraufhin Panuk leise mit den Zähnen knirschte.

„Werd bloß nicht frech!", knurrte er.

Miki wusste, dass er diese kleine Drohung nicht ernst meinte, und steckte ihren Kopf wieder in das Loch, das sie mittlerweile gegraben hatte.

„Hier ist schon besetzt", brummte sie und machte damit unmissverständlich klar, dass Panuk sich sein eigenes Fleckchen suchen musste. Ob Männchen oder Weibchen, ob groß oder klein – die Feigen müssen sich hinten anstellen.

Miki hatte das Gefühl, das alles würde nie enden: das Futter nicht und auch nicht der Zustrom der Eisbären. Immer mehr zogen durch die Straßen und wühlten in den Mülltonnen. Die Menschen verließen ihre Häuser nur mehr, wenn es wirklich sein musste. Gruppen bewaffneter Männer marschierten umher, um das Chaos zumindest ein wenig zu kontrollieren. Morgens öffneten die Mütter vorsichtig die Türen, sahen sich nach allen Seiten um und sagten zu ihren Kindern: „Lauf! Lauf, so schnell du kannst!" Und die Kinder rannten von der Haustür die

Stufen hinab und zum Schulbus, wo sie in Sicherheit vor den ungebetenen Gästen waren. Die Eisbären nahmen all das wahr, aber es interessierte sie nicht weiter. Sie hatten ihr Fressen. Sie hatten volle Bäuche. Was kümmerten sie die seltsamen Ängste der Zweibeiner?

„Haltet euch fern von ihnen", ermahnte Aniu die Horde. Manche Eisbären wurden langsam nervös, doch ihr Hunger war größer als die Sorge.

„Wie lange dauert es wohl noch, bis das Eis kommt?", fragte Panuk. „Ich bin ein Meerestier und vermisse das gefrorene Wasser unter meinen Pfoten." Miki hatte zwischen einem alten Sofa und einer kaputten Mikrowelle gerade etwas gefunden, das widerlich schmeckte, und ließ den Bissen schnell wieder aus dem Maul fallen.

„Woher soll ich das wissen?", erwiderte sie. Panuk blickte zum Himmel. Ein paar weißgraue Vögel zogen kreischend ihre Kreise.

„Wir sollten die Möwen fragen", schlug er vor. „Von dort oben sehen sie alles."

„Die werden dir deine Frage auch nicht beantworten können. Sie wollen nur dein Futter haben, alles andere ist ihnen egal." Miki musste einsehen, dass es an dieser Stelle nichts Brauchbares mehr gab.

„Ich weiß nicht ..." Panuk schien an seinem Plan festzuhalten. „Vielleicht sind die Möwen erpressbar."

„Du willst ihnen Futter schenken, damit sie dir sagen, wie dick das Eis schon ist?" Miki schüttelte sich. „Dumme Idee. Keinen einzigen Happen würde ich denen überlassen. Das Eis friert bestimmt bald zu. Dafür brauchst du keine Möwen." Damit wandte sie sich den Häusern zu. Irgendwo musste sich doch etwas finden lassen, das nicht faulig oder bitter war.

Miki entschied sich für die engen Gassen. Die meisten Bären waren auf den Hauptstraßen geblieben, weil es mehr Fluchtmöglichkeiten gab. Die Mülltonnen dort waren deswegen bereits geplündert. In den Gassen lockte die Chance auf einen Leckerbissen jedoch noch. Wie Fallen wirkten sie. Links und rechts die Mauern der Häuser, dazwischen Dunkelheit. Irgendwo bellte ein Hund. Die meisten Menschen hatten ihre Vierbeiner ins Haus geholt. Ein paar waren den Eisbären trotzdem zum Opfer gefallen. Aniu hatte gleich zwei von ihnen erlegt.

„Hund, hatte er naserümpfend gesagt, „schmeckt so, wie er aussieht: abstoßend." Trotzdem hatte er nicht einen Bissen mit den anderen geteilt. Miki überlegte, ob sie sich ebenfalls auf die Suche nach einem Hund machen sollte. Ein bisschen frisches Fleisch zwischen den Zähnen würde ihr guttun. Langsam hatte sie genug vom Müll. Er stach fies. Im Mund und im Magen.

Die Dunkelheit verschluckte die Eisbärin. Miki fühlte sich von den eng aneinandergereihten Häusern bedroht. Sie war die Unendlichkeit des Eises gewöhnt. Das Eis, das die Bären in diesem Jahr erneut im Stich gelassen hatte. Miki trabte, angetrieben von der Sehnsucht nach frischem Fleisch, weiter durch die Gassen. Sie entdeckte eine Mülltonne, die offensichtlich noch unangetastet war. Miki versuchte, den Deckel wegzudrücken, aber sie verstand nicht, in welche Richtung er sich öffnen ließ. Also stieß sie die Tonne kurzerhand um. Wieder bellte ein Hund. Miki ignorierte seine Beschwerden und machte sich auf die Suche nach etwas Fressbarem. Sie fand die Überreste eines Fisches und Dinge, die nach Futter rochen, aber es irgendwie nicht waren. Etwas stach Miki in die Zunge. Ein hartes Teil, das vermutlich nicht dafür gemacht war, in einem Bauch zu landen. Miki würgte es trotzdem hinunter. Sollte sich ihr Magen darum kümmern. Dann lief sie weiter.

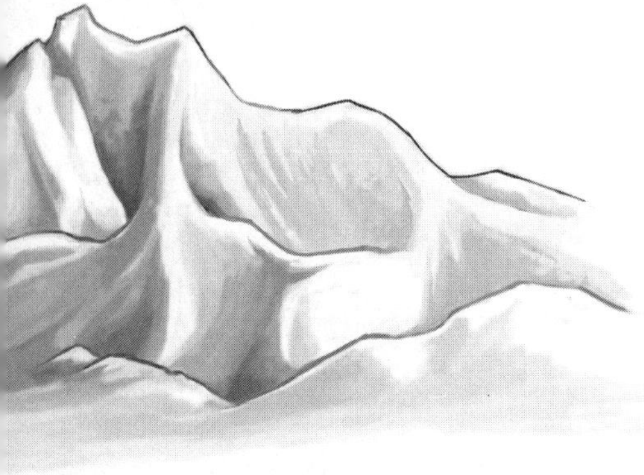

Tonne für Tonne leerte sie.

Miki hörte die Hunde, sah sie aber nicht. Die Menschen versteckten sie gut. Als Miki um die Ecke bog, blieb sie abrupt stehen. Einen Hund hatte sie sich gewünscht. Dem wäre sie gern begegnet. Dort vorne aber, im Schein ihrer eigenen kleinen Sonnen, standen vier Menschen. Miki konnte die Feuerstöcke sehen, die sie bei sich trugen.

„Ruhig bleiben", hörte Miki Aniu in ihrem Kopf sagen, doch da erklang noch eine andere Stimme. Eine, die viel eindringlicher war. Der Hunger sprach zu ihr und wisperte: „Menschen haben auch Fleisch."

Miki schnaubte. „Aber sie haben auch Feuerstöcke."

„Deswegen sollst du ja ruhig bleiben und umdrehen", ermahnte Anius Stimme sie.

„Aber von dort sind wir gekommen", wisperte der Hunger. „Dort gibt es nichts mehr. Wir müssen zu den Menschen. Ein kleiner Happs, ein Bein, eine Leber ... Mhmm!"

Während die Stimmen in Mikis Kopf zankten, beobachtete sie die Haltung der Menschen. Wie festgefroren standen sie da. Miki erkannte ihre eigene Anspannung in ihnen. Selbst wenn es ihr gelang, einen Menschen zu erlegen, würden sich die anderen drei wehren. Sie konnten laufen. Weit weg, und Miki mit ihren Feuerstöcken trotzdem beißen. Sosehr die Eisbärin auch überlegte, sie sah keine Möglichkeit, wie sie diesen Kampf gewinnen sollte.

„Du kannst nur verlieren", bestätigte Anius Stimme sie.

„Wir brauchen dringend Futter", mahnte der Hunger.

„Dann gehen wir eben weiter", erwiderte Miki und fixierte eine Tonne, die ganz in der Nähe der Menschen stand.

„Weiter?", rief der Hunger entsetzt. „An den Menschen vorbei?"

„Ja", knurrte Miki. „An den Zweibeinern vorbei."

Langsam ging die Eisbärin auf sie zu. Schritt für Schritt wichen die vier Menschen zurück. In der Gasse konnten sie einander kaum ausweichen.

„Ruhig bleiben", wiederholte Miki bei sich. Sie kam der Mülltonne näher, erreichte sie, warf sie um und machte sich über eine halb leere Dose Hundefutter her. Die Menschen rührten sich nicht. Ihre Hände umklammerten die Feuerstöcke. Miki trottete weiter. Jetzt wichen auch die Menschen langsam zurück. Meter für Meter, bis die Eisbärin bei einer weiteren Mülltonne ankam. Miki schnupperte, aber sie roch nichts Interessantes, also trottete sie erneut los. Am Ende der Gasse wurde es heller. Die Menschen warfen unruhige Blicke über ihre Schulter, während sie rückwärtstappten. Anscheinend konnten sie es kaum erwarten, aus dieser Falle zu entkommen. Miki ging es ähnlich. Sie wollte zu Panuk, der vielleicht eine Möwe gefunden hatte, die ihm vom Eis berichten konnte. Eine Tatze vor die andere setzte sie und trieb die Menschen vor sich her. Die Eisbärin hörte ihre Stimmen. Es waren Laute, die Miki nicht verstand. Sie merkte aber, dass die Menschen nervöser wurden, je näher sie ihnen kam. Also vergrößerte sie ihren Abstand und senkte den Kopf. „Ich greife euch nicht an“, wollte sie damit signalisieren und hoffte, dass die Menschen die Sprache der Eisbären besser verstanden, als es umgekehrt der Fall war. Sie schienen es tatsächlich zu kapieren. Vorsichtig wichen sie zurück, kamen der Hauptstraße näher. Als sie in die Helligkeit der Straßenlaternen traten, huschte Erleichterung über ihre Gesichter. Irgendwo flog eine Tür auf, jemand rief etwas. Die Stimme klang aufgebracht und die vier Menschen sahen sich um. Rettung. Miki sah die Hoffnung in ihren Augen aufblitzen.

„Ja, lauft nur weg“, dachte sie. „Dann bin ich in Sicherheit vor euren Bissen.“

Wie aus dem Nichts tauchte ein Auto auf. Die Bewegungen der vier Menschen wurden hektisch. Rein, nur rein ins Auto, sagte ihre Körpersprache. Miki knirschte mit den Zähnen. Die Aufregung gefiel ihr nicht. Dann fuhren sie davon. In der Ferne bellte ein Hund.

„Das war mutig." Miki hatte nicht bemerkt, dass Aniu auf der anderen Straßenseite stand. In seinem Blick lag etwas, das Miki noch nie zuvor an ihm gesehen hatte: Bewunderung.

„Du bist eine große Bärin." Anius Worte zauberten eine Wärme in Mikis Herz, die sie an die Sommertage in der Tundra erinnerte. „Ich wette, du machst mehr Beute als die meisten anderen, die hier waren."

„Waren?", fragte Miki.

„Das Eis ist dick genug", erwiderte Aniu. „Ein Großteil ist schon weitergezogen." Miki wusste nicht, ob sie Erleichterung oder Wehmut verspürte. Vermutlich hatte auch Panuk das Dorf längst verlassen.

„Wir sollten ebenfalls los", riss Aniu sie aus ihren Gedanken.

„Ja ...", erwiderte Miki.

„Wandere wohl und wandere weit", wünschten sie einander und gingen hinaus aufs Eis.

Das vierte Jahr: Gefährten

Weißer Schatten, hartnäckiger Verfolger

Winter. Miki liebte ihn. Im Winter war alles so, wie es sein sollte. „Du hast auf dich warten lassen", rügte Miki ihn, während sie nach Atemlöchern Ausschau hielt. Der Winter aber antwortete nicht. Er war ein ebenso schweigsamer Geselle wie die Sonne. Der Müll der Menschen hatte in Mikis Magen ein seltsames Gefühl hinterlassen. Er grummelte, als würde er sich beschweren. „Wenn du so weitermachst, vertreibst du die Robben", fauchte Miki ihren Magen an. Der aber knurrte verärgert zurück. Zu viel Verdorbenes, zu viel hartes Plastik, das an den essbaren Happen geklebt hatte. Miki ignorierte ihn und begann mit der Jagd. Die erste Robbe entwischte ihr. Es war ein kugelrundes Exemplar und Miki hätte sich über das viele Fett sehr gefreut. Auch die zweite zog sich blitzschnell in ihr Atemloch zurück. Erst beim dritten Versuch gelang es Miki, die Beute aufs Eis zu zerren und sie mit wenigen gezielten Bissen zu töten. Kaum wollte sie ihre Zähne in der zentimeterdicken Fettschicht vergraben, beschlich sie jedoch das Gefühl, nicht allein zu sein. Ein Schwarm Möwen wartete bereits darauf, das Festmahl endlich beginnen zu können. Aber die Möwen waren es nicht, die Miki stutzig machten. Etwas anderes war in der Nähe. Hastig begann Miki zu fressen. Was auch immer es war, dieses Wesen hatte es vermutlich auf ihre kostbare Beute abgesehen. Und Miki war zu hungrig, um zu teilen. Gierig schlang sie das Robbenfett hinunter, immer in der Erwartung eines ungebetenen Gasts. Doch nichts geschah. Als Miki genug gefressen hatte, zog sie weiter. Das Gefühl, verfolgt zu werden, saß ihr dabei weiterhin stur im Nacken. Ein unsichtbarer Schatten schien an ihrer Spur zu kleben. Aber sooft sie sich in den folgenden Tagen auch umwandte, sie konnte niemanden entdecken. Irgendwann blieb Miki stehen und rief: „Wer bist du? Und warum folgst du mir?"

Nichts rührte sich. Nur der Wind heulte in Ankündigung eines Wintersturms.

„Feigling!", knurrte sie, als sie sicher war, tatsächlich keine Antwort von ihrem Verfolger zu erhalten. Bald darauf fiel dichter Schnee aus den Wolken, die an diesem Tag so schwer waren, dass sie fast den Boden berührten. Bei schlechtem Wetter hilft nur Geduld, deshalb verkroch sich Miki in einer Senke und schloss die Augen. Hier konnte ihr nichts passieren, denn der Himmel würde sie langsam zudecken. Stunde für Stunde war immer weniger von der Eisbärin zu sehen, die unter einer wärmenden Schneeschicht schlief.

„Hallo, Eisbär. Bist du wach, Eisbär? Die Sonne scheint. Zeit aufzustehen. Eisbär. Guck-guck!" Die Stimme, die Miki aus einem Traum riss, klang spitz und hoch. Es musste ein sehr aufgeregtes Wesen sein, dem sie gehörte. Die Eisbärin verharrte regungslos. Vielleicht haute es ja von selbst wieder ab.

„Worauf wartest du? Du musst jagen. Husch, husch! Raus aus deiner Höhle. Du hast Hunger, ich habe Hunger, alle haben Hunger."

Miki wunderte sich. Hatte dieses Etwas Miki gerade aufgefordert, nicht so faul herumzuliegen, sondern sich an die Arbeit zu machen? Es half alles nichts. Sie musste wohl oder übel nachsehen. Miki rappelte sich auf. Die Schneedecke war so dick, dass die Eisbärin sie nur mühevoll abschütteln konnte. Kaum war ihr Kopf aufgetaucht, sprang ein kleines weißes Fellknäuel zur Seite.

„Huuuu! Du bist ja groß!", rief es und lief ein paar Meter zurück, um einen ausreichenden Sicherheitsabstand zu Miki zu gewinnen.

Die Eisbärin schnupperte. „Du bist ein ..."

„Fuchs", kreischte die Flauschkugel. „Ein Polarfuchs. Klein, wendig und schnell. Darf ich vorstellen? Mein Name ist Tiri."

Miki rümpfte die Nase. Der Himmel war blau. Es war herrlich kalt. Das hätte ein guter Tag werden können, aber jetzt war diese nervöse Füchsin aufgetaucht. Wenn das kleine Biest nicht so verflucht schnell gewesen wäre, hätte Miki es mit einem Happs aufgefressen. Genervt stapfte sie los.

„Heee, Eisbär!" Die Füchsin flitzte Miki hinterher. „Lauf nicht weg! Ich kann dir helfen. Siehst du das?" Sie hob den Kopf hoch in die Luft. „Dieses Näschen ist unschlagbar. Damit finde ich jedes Atemloch und all die kleinen Robben in ihren kuscheligen Höhlen. Ich finde sie und du tötest sie. Ist das nicht eine gute Idee?" Tiri schien von ihrem Plan begeistert zu sein, denn sie drehte sich vor lauter Vorfreude mehrmals im Kreis. Miki knirschte mit den Zähnen.

„Und schau mal!“, quietschte Tiri. „Schau, wie flink ich bin.“ Mit anmutigen Bewegungen rannte die Füchsin hin und her, schlug einen Haken, sprang in die Höhe und drehte sich dabei um die eigene Achse.

„Ich bin Tiri! Der schnellste Fuchs am ganzen Polarkreis und so weiß, dass sogar die Schneeflocken denken, ich sei eine von ihnen.“

„Toll“, brummte Miki und beachtete das Fellknäuel nicht weiter. Tiri jagte unbeirrt im Kreis und zog den aufgewirbelten Schnee dabei wie einen Kometenschweif hinter sich her.

„Na, wie findest du das?“, rief die Füchsin hechelnd und sah sich nach der Eisbärin um. Die war in der Zwischenzeit jedoch bereits hinter einem Hügel verschwunden. „Heeee! Du guckst ja gar nicht.“ Tiri stieß ein erbostes Fauchen aus. „Eisbär? Eisbär, wo bist du?“ Tiri folgte den riesigen Pfotenabdrücken im Schnee und hatte Miki mit nur wenigen Sätzen eingeholt, wobei

sie stets auf einen ausreichenden Abstand achtete. Wenn es um Eisbären geht, kann man schließlich nicht vorsichtig genug sein. Das wusste sogar ein Energiebündel wie Tiri. „Warte auf mich! Du scheinst es ja ganz schön eilig zu haben. Wo willst du denn überhaupt hin?"

„Weg", erwiderte Miki knapp und stapfte weiter.

„Wohin weg?"

„Weg von dir", knurrte die Eisbärin.

„Woah!" Tiri stockte für einen Augenblick. „Du bist ja fies."

„Ja." Miki verharrte und fixierte die Füchsin. „Und wenn du nicht aufpasst, fresse ich dich."

„Ach was. Ich schmecke dir bestimmt nicht." Tiri schien von der Drohung unbeeindruckt zu sein, aber sie wich trotzdem vorsichtshalber ein paar Schritte zurück.

„Also, was ist jetzt? Darf ich dich begleiten? Fuchs und Eisbär, das funktioniert ganz wunderbar. Du jagst und ich fresse, was du übrig lässt."

„Ach, so ist das." Langsam begriff Miki, worum es der Füchsin ging. „Ich dachte, du hilfst mir, frische Beute zu suchen."

„Ja", sagte Tiri hastig. „Natürlich helfe ich dir, aber du musst das Jagen übernehmen. Ich bin viel zu klein, um eine ausgewachsene Robbe zu erlegen, aber ich liebe, liebe, liebe ihr Fleisch. Das ist so ..."

„Ich weiß, wie großartig Robbenfleisch ist", unterbrach Miki die Füchsin. Langsam verlor sie mit der kleinen Nervensäge die Geduld. Wenn sie nicht bald abhaute, dann ... Miki holte tief Luft und setzte sich wieder in Bewegung. Sie wusste, dass sich die meisten Probleme mit ein wenig Beharrlichkeit lösen ließen. Doch mit Tiri war die Sache anders, das musste sie bereits nach kurzer Zeit feststellen. Die Polarfüchsin ließ nicht locker. Sie war ebenfalls geduldig. Vielleicht auch stur. Oder dumm. Eins stand auf jeden Fall fest: Die Füchsin hatte beschlossen, der Eisbärin zu folgen, und nichts würde sie davon abbringen.

„Bist du eine gute Jägerin? Ich kannte mal einen Eisbären, der war bei jedem dritten Versuch erfolgreich. Wie oft schlägst du denn Beute? Ich habe nämlich einen Bärenhunger." Tiri stockte und gab ein keckerndes Geräusch von sich. „Bärenhunger. Das ist lustig, findest du nicht auch? Ich sollte eigentlich einen Fuchshunger haben." Die Füchsin warf sich in den Schnee und wälzte sich genüsslich, bevor sie wieder auf ihre dünnen Beinchen sprang und hinter Miki herlief. „Meine Mama hat immer gesagt, man muss zu Eisbären einen groooooßen Abstand halten. So groß, dass sie einen nicht bemerken. Aber so gefährlich seid ihr gar nicht. Ihr seid groß und dick, und wenn ihr lauft, dann sieht das richtig anstrengend aus. Außerdem finde ich es netter, wenn man einander kennenlernt. Immerhin teilen wir uns ab sofort die Beute, nicht wahr? Da kann man schon ein bisschen Zeit miteinander verbringen. Ich kenne Füchse, die glauben, ich sei verrückt, aber ..."

„Vielleicht solltest du denen mal besser zuhören", brummte Miki.

Langsam bekam sie Kopfschmerzen. Sie war die Einsamkeit und die Ruhe gewöhnt. Die Gesellschaft der Polarfüchsin passte ganz und gar nicht zu ihren Gewohnheiten.

„Du bist witzig", stellte Tiri fest. Miki verkniff sich, was sie über den Charakter ihrer ungebetenen Begleiterin dachte, und trottete weiter.

„Du wolltest mir doch beim Jagen helfen, nicht wahr?"

„Ja natürlich. Jagen. Helfen. Tiri ist zur Stelle. Du wünschst, ich mache." Sie sah Miki erwartungsvoll an. „Also. Was soll ich tun?"

„Die Klappe halten", knurrte Miki. „Mit deinem Keckern vertreibst du die Beute."

Tiri legte den Kopf schief, als müsste sie darüber erst einmal nachdenken.

„Jaaa", machte sie irgendwann. „Vielleicht hast du recht. Vielleicht hat der letzte Eisbär, dem ich gefolgt bin, deshalb nie etwas gefangen. Hat dir schon mal jemand gesagt, dass du schlau bist? Also, ich finde dich schlau. Und groß. Wie heißt du denn eigentlich?"

„Miki."

„Miki? Miki, die Kleine?" Tiri keckerte noch einmal. „Das passt doch gar nicht. Wer hat dir denn diesen albernen Namen verpasst?"

„Meine Mutter." Miki spitzte verärgert die Lippen.

„Ja ... Mütter ... Die können sich auch mal irren."

„Ich finde, du solltest viel besser auf deine hören",

erwiderte Miki und machte einen Schritt auf die Füchsin zu, die sofort einen großen Satz nach hinten machte.

„Ach was. Würde ich immer auf meine Mutter hören, wären wir zwei uns jetzt nicht so nah."

„Eben", sagte Miki genervt. Tiri schien überhaupt nichts zu kapieren. „Also, was ist jetzt? Hilfst du mir bei der Jagd und bist endlich still?"

„Jajajajaja. Ich bin schon ruhig. Ganz still. Mucksmäuschenstill. Oder muckspolarfüchschenstill."

Das Atemloch, das Miki aussuchte, sah vielversprechend aus. Es war offensichtlich gut gepflegt und die Eisbärin hoffte, seiner Besitzerin möglichst bald zu begegnen.

„Du bist still, sonst verjagst du die Robbe", schärfte sie Tiri ein, die sich daraufhin artig in den Schnee warf. Auch Miki legte sich auf den Bauch, den Kopf auf die Kante des Atemlochs gebettet. Dann begann das Warten.

„Es ist ein bisschen langweilig, findest du nicht?"

Miki antwortete nicht.

„Wie lange kann das noch dauern?", wollte Tiri wissen. „Die Robbe muss doch mal Luft holen."

„Sie hat mehrere Atemlöcher", wisperte Miki, ohne sich dabei zu bewegen.

„Und wann benutzt sie dieses hier?"

„Woher soll ich das wissen?", fauchte Miki genervt.

Tiri kroch vorsichtig ein bisschen näher. „Und wenn sie kommt, fängst du sie dann auch wirklich?"

„Sie wird nicht kommen, solange du so viel plapperst."

Tiri rollte sich beleidigt zusammen. „Du bist aber auch nicht leise", beschwerte sie sich, bevor sie die Nase unter ihren buschigen Schwanz schob. Dann trat endlich jene Stille ein, die es für eine erfolgreiche Jagd braucht.

Miki konnte es spüren. Das Prickeln in der Luft. Wie spitze Eiskristalle, die der Wind gegen ihre Nase schleuderte, fühlte es sich an und das konnte nur eins bedeuten: Die Robbe kam näher. Selbst Tiri verhielt sich jetzt ganz ruhig, während sich in Mikis Körper jeder Muskel auf den Angriff vorbereitete. Es musste gelingen. Sie hatte Hunger.

„Gleich", dachte sie und hob das Kinn ein klitzekleines Stück. „Gleich." Die Krallen an ihren Hinterpfoten bohrten sich in das harte Eis. „Gleich." Ihr Maul öffnete sich kaum merklich und ... Miki schlug mit einer solchen Wucht zu, dass die Robbe nicht den Hauch einer Chance hatte. Es war, als breche ein Sturm los. Tiri entfuhr ein erschrockenes Bellen, dann rannte sie, so schnell sie ihre Beinchen trugen. Erst als das Tosen des Kampfes weit genug weg war, blieb sie stehen und beobachtete die wenigen Sekunden, die der Robbe noch zum Leben blieben. Als der letzte Atemzug aus ihr gewichen war, sprang Tiri freudig heran. „Wir haben es geschafft!"

„Wir?" Miki zog die Lefzen hoch.

„Ja, aber weil du so geschickt warst, lasse ich dir den Vortritt", verkündete die Füchsin großzügig.

„Nett von dir." Die Eisbärin fing an zu fressen. Erst das Fett, dann den Rest.

Ungeduldig tänzelte Tiri hin und her. „Lass mir auch was übrig, hörst du? Das Stückchen da oben zum Beispiel. Oder die Flossen. Die sehen gut aus. Mhmm ... Wie das duftet!"

Miki seufzte. Ihr Magen war ohnehin bereits gut gefüllt. Also riss sie ein großes Stück Fleisch von den Knochen der Robbe und warf es Tiri vor die weißen Pfoten. „Lass es dir schmecken", brummte sie und schlang selbst noch ein paar Happen hinunter. Sicher war sicher. Dann wandte Miki sich zum Gehen. „Mach's gut."

„Mach's gut?", nuschelte Tiri mit vollem Maul. „Das hier ist doch kein Abschied. Ich schlage mir nur den Bauch voll, dann komme ich nach. Geh ruhig voraus. Ich finde dich schon."

Miki traute ihren Ohren kaum. Das Fellknäuel wollte ihr weiterhin folgen?

„Wie wäre es ...?", schlug sie vor. „Wenn du dir einen anderen Eisbären suchst? Es gibt viele in der Gegend. Starke Männchen, die eine Robbe nach der anderen schlagen. Wenn du Glück hast, sogar ein Walross."

Tiri schien nicht beeindruckt zu sein. „Nein. Ich mag dich. Du bist toll. Und jagen kannst du auch."

„Na, wunderbar", brummte Miki, dann ließ sie Tiri mit den Überresten der Robbe allein.

Ein Flatterding auf Futtersuche

„Ich frage mich, warum die Farbe unseres Fells wechselt und ihr Eisbären immer weiß bleibt. Ist das nicht langweilig? Das ganze Jahr über Weiß, Weiß und noch mehr Weiß. Willst du nicht mal braun sein?"

„Manche Eisbären sind grün", erwiderte Miki. Viele Tage waren vergangen und mit der Zeit hatte sie sich an Tiris Geplapper gewöhnt.

„Grün wie die Wiese?" Tiri riss die Augen ungläubig auf.

„Nein. Grün wie die Algen, die sich in den hohlen Härchen des Eisbärenfells ansiedeln können. Wenn das passiert, sieht es aus, als sei das Fell grün", erklärte Miki.

„Das will ich mal sehen."

Obwohl die beiden einander nun schon einige Wochen kannten, kam Tiri Miki trotzdem nie ganz nah. Die Füchsin war mutig und ein wenig lästig, aber dumm war sie nicht. Das hatte Miki sehr schnell festgestellt.

„Habe ich dir eigentlich schon von meinen Geschwistern erzählt?"

„Ja." Miki änderte die Richtung ein wenig, weil der Wind von einem Heuler berichtete, einem verlassenen Robbenbaby. „Unzählige Male."

„Aber diese Geschichte kennst du bestimmt noch nicht." Tiri wollte ihre Gefährtin gerade mit einem weiteren Redeschwall übergießen, als am Himmel eine Möwe auftauchte. Sie zog weite Kreise über den beiden und stieß dabei ihr heiseres Lachen aus. „Die ist aber nervig", beschwerte sich Tiri. „Warum hält sie nicht den Schnabel? Bei dem Krach kann man sich ja kaum unterhalten."

Miki verkniff sich eine spitze Antwort und beobachtete die Möwe. Sie verhielt sich seltsam. Die Eisbärin beschlich das Gefühl, dass der lästige Vogel ihnen etwas mitteilen wollte.

„Hast du schon mal mit einer Möwe geredet?", wollte sie wissen. Sie war aus den Flatterdingern noch nie schlau geworden und dieses Exemplar schien etwas im Schilde zu führen.

„Natürlich! Ich spreche mit allen Tieren", erwiderte die Polarfüchsin stolz.

„Klar. Dumme Frage von mir. Du quasselst deine Beute vermutlich zu Tode ..."

Anstatt zu antworten, sauste Tiri zu der Möwe, die soeben auf dem Eis gelandet war.

„Na, wie ist die Lage am Horizont? Alles blau über den Eisbergen?"

Die Möwe stakste auf und ab und musterte Tiri argwöhnisch. „Hunger!", krächzte sie.

„Ja, ich habe auch ständig Hunger. Meine Mama hat immer gesagt, dass es wohl keinen Polarfuchs gibt, der so viel futtern kann wie ich. Ich habe mal eine ganze Möw... Nein, weißt du was? Das ist keine so gute Geschichte. Was willst du denn hier?" Tiri linste zu Miki hinüber. „Der weiße Riese da drüben ist nämlich nicht so gut auf Vögel zu sprechen, weißt du? Also ich an deiner Stelle würde ganz schnell abhauen."

„Jagd!", erwiderte die Möwe spitz.

„Jagd?" Jetzt war auch Miki hellhörig geworden. „Was meinst du damit?"

Die Möwe spreizte die Flügel und stieß sich kraftvoll vom Boden ab. Sie zischte über den Kopf der Eisbärin hinweg, zog einen Kreis nach dem anderen und rief dabei immer wieder: „Wale! Wale! Jagd! Eisbär, Jagd!"

„Ich glaube, sie hat Wale gesehen“, murmelte Tiri fast verschwörerisch. „Und ich glaube, sie will, dass du sie jagst.“

„Ich glaube, du könntest recht haben“, erwiderte Miki.

„Möwe auch“, kreischte der Vogel. „Folgt Möwe Torn!“

Tiri machte einen aufgeregten Satz. „Er hat uns seinen Namen verraten! Torn! Und Torn will, dass wir mit ihm gehen.“

„Wie gut, dass ich dich habe“, stellte Miki trocken fest. Der Vogel unterbrach seine endlose Schleife und steuerte in Richtung Westen, wobei er sich immer wieder vergewisserte, ob die beiden Vierbeiner ihm folgten.

„Hundert!“, krächzte Torn ununterbrochen. „Hundert! Hundert!“

„Was meint er damit?“, wunderte sich Miki.

„Vielleicht müssen wir hundert Schritte gehen oder über hundert Hügel wandern oder ...“

„Wale! Wale!“ Torn schnarrte immer aufgeregter und weder Miki noch Tiri konnten aus den Worten Sinn ableiten.

In den Ohren der Eisbärin begann es zu klingeln. Das ununterbrochene Krächzen würde sie noch lange durch den Schlaf begleiten.

„Wale ... Hundert Wale ...“, stammelte Tiri plötzlich und blieb wie angewurzelt stehen. Der Anblick, der sich ihnen bot, verschlug ihr für einen Augenblick die Sprache. Eingeschlossen im Eis hatte sich eine Herde Belugawale um ein Atemloch versammelt. Mit dem voranschreitenden Winter war es vermutlich immer kleiner geworden und die Tiere drängten einander zur Seite, um einen Zug des kostbaren Sauerstoffs zu ergattern.

„Wale! Eisbär! Jagd! Futter!“, schrie Torn.

Miki überlegte. Die Tiere waren riesig. Manche wogen vermutlich ein Vielfaches von ihr.

Es würde sie viel Kraft kosten, einen der Wale über die Kante des Atemlochs aufs Eis zu zerren. Und wenn es nicht gelang, hatte sie kostbare Energie verschwendet.

„Worauf wartest du?", keckerte Tiri ungeduldig. „Einfacher wird die Jagd nicht. Du musst bloß die Tatzen ins Wasser stecken und dir einen Wal angeln. Also, hopp, hopp!"

Miki knirschte mit den Zähnen. Die Flauschkugel hatte ja keine Ahnung.

„Hunger! Torn Hunger!", drängte die Möwe.

„Ja, schon gut", brummte die Eisbärin. Sie wusste, dass sich ihr gerade eine einmalige Gelegenheit bot, die sie auf keinen Fall vermasseln durfte.

„Wal groß. Eisbärin klein." Torn schien Miki mit seinen schwarzen Knopfaugen fast zu durchbohren. Und als habe er das kurze Stechen in der Brust der Eisbärin gespürt, lachte er laut auf und schrie: „Zu klein?"

Tiri fauchte erbost. „Was hast du gesagt? Glaubst du etwa, Miki sei nicht stark genug, um einen Wal aus dem Wasser zu ziehen? Na warte! Gleich zeigt sie dir, was ein echter Eisbär kann." Sie wandte sich erwartungsvoll ihrer Freundin zu. Die aber rührte sich nicht. „Warum stehst du hier noch rum?"

Miki antwortete nicht. Sie starrte auf das Loch im Eis, auf die Belugawale, die nacheinander auftauchten, Luft holten und wieder in der Dunkelheit verschwanden. Die blöde Möwe hatte das Problem verstanden. In Mikis Herz begann sich jedoch etwas zu regen. Stolz. Die Eisbärin konnte vor diesen Zwergen unmöglich zugeben, dass sie zu schwach war, um die Situation zu ihrem Vorteil zu nutzen. Und je länger Miki die Wale beobachtete, desto klarer wurde ihr, was sie zu tun hatte.

„Gleich, Torn", hörte Miki die Polarfüchsin hinter sich mit der Möwe sprechen. „Gleich springt sie ins Wasser und dann ... Rums, bums, zack, schnappt sie sich ein besonders hübsches Exemplar."

Miki versuchte, Tiris Gekläffe auszublenden, während sie eine ganz bestimmte Rückenflosse im Wasser fixierte. Dieser eine Beluga musste es sein. Alle anderen waren zu groß, zu stark, zu schwer. Dieser aber war jung. Er hatte noch wenig Erfahrung und war leichter als seine Artgenossen. Torn stakste ungeduldig am Rand des Atemlochs auf und ab.

„Kleiner Eisbär. Kleiner Wal", gab er von sich, weil er Mikis Plan sofort durchschaut hatte. In diesem Moment tauchte der junge Belugawal erneut auf. Er sog die kalte Luft ein und wollte gerade wieder unter der Wasseroberfläche verschwinden, da sprang Miki auf seinen Rücken.

„Letzter Atemzug!" Torn flatterte auf, um Platz für den Kampf zu machen. Die Eisbärin aber tauchte ab. Sie umklammerte den Wal, der verzweifelt versuchte, sich zu befreien. Miki vergrub ihre Klauen in seinem Fleisch, dann musste die Eisbärin loslassen, um selbst zurück zum Atemloch zu schwimmen. Sie hievte sich aus dem Wasser und beobachtete, was in der Tiefe geschah. Die Herde war aufgebracht, aber sie hatte keine Wahl. Es gab keinen Fluchtweg, keine andere Möglichkeit, um zu atmen. Nur dieses eine Loch, an dessen Rand Miki sie erwartete. Als der junge Beluga erneut auftauchte, setzte die Eisbärin zu einem weiteren Angriff an. Diesmal biss sie zu. Der Wal schlug mit der Schwanzflosse, um sie abzuschütteln, doch Miki vergrub ihre Zähne tiefer in sein Fleisch. Die Eisbärin nahm all ihre Kraft zusammen und kehrte an die Wasseroberfläche zurück, den Beluga mit sich zerrend. Gleich war sie am Rand des Atemlochs, gleich wieder auf dem Eis. Miki zog und zog, der Beluga schlug um sich.

„Fester", feuerte Torn die Eisbärin an. „Fester oder Hunger."

Tiri hatte sich hinter einem Eisblock versteckt. Nur ihre Ohren und die schwarzen Augen waren zu sehen. „Du schaffst das, Miki", fiepte sie leise. „Einmal noch." Ihr Maul öffnete sich, als sei sie diejenige, die den Beluga überwältigte. Der Körper des Wals zuckte, aber es war nicht das Leben, das sich in ihm rührte, sondern der sich anschleichende Tod.

„Du hast es geschafft!", jubelte Tiri. „Siehst du, du dummer, skeptischer Vogel? Miki schafft einfach alles! Weil sie stark ist und die größte Jägerin aller Zeiten." Die Polarfüchsin keckerte weiter, aber weder Miki noch Torn hörten ihr zu. Die Eisbärin hatte zu fressen begonnen, während die Möwe ungeduldig auf ihren Anteil wartete. Miki spürte ein wohliges Kribbeln durch ihren Körper strömen. Eine seltsame Wärme entfachte sich tief in ihrem Bauch und die Eisbärin konnte schwören, dass es nicht nur ihr Magen war, der sich rührte. Irgendetwas veränderte sich in ihr und Miki fühlte sich plötzlich so groß, so erwachsen.

Es dauerte nicht lange, da tauchte zwischen den aufgetürmten Eisschollen ein weiterer Eisbär auf. Ein ausgewachsenes Männchen, das fast doppelt so groß war wie Miki. Die junge Eisbärin beobachtete das Verhalten des anderen. Er brauchte nicht viel Zeit, um zu verstehen, was hier vor sich ging. Er sah Miki mit ihrer Beute und er sah das Atemloch, um das sich immer noch zahlreiche Belugawale tummelten. Seine Entscheidung war schnell gefallen. Er machte sich an die Jagd und ging dabei ähnlich vor wie Miki. Mit dem Unterschied, dass er sich für ein weitaus größeres Exemplar entschied. Und erfolgreich war. Als er ebenfalls zu fressen begann, flatterte Torn auf und landete dicht neben dem fremden Bären, um ihm ein Stück seiner Beute zu stibitzen.

„He du!", rief Tiri erbost. „Man verlässt seine Freunde nicht einfach so."

„Er ist nicht unser Freund", erinnerte Miki sie. „Er ist ein Vogel."

„Auch Vögel können zu Freunden werden", behauptete Tiri.

„Du *frisst* Vögel normalerweise", erwiderte Miki. Darauf erwiderte die Polarfüchsin nichts mehr. Sie vergrub ihre Nase im Fleisch des Belugawals und schmatzte genüsslich drauflos.

Unerwartetes Wiedersehen, endlose Freude

Es war nicht bei diesem einen Eisbären geblieben, der zum Atemloch der Belugas gestoßen war. Viele weitere waren gekommen und hatten Wale aus dem Wasser gezogen.

„Hier wird's ein bisschen ungemütlich", hatte Tiri beim Anblick der zahlreichen Eisbären festgestellt und so waren sie weitergezogen. Torn aber war ihnen nicht mehr gefolgt. Er hatte schließlich das Paradies gefunden, in dem es endlos viel Fressen gab. Der Duft des Fetts hatte Dutzende weitere Möwen angezogen und die Luft hatte vibriert von ihrem schallenden Gelächter.

„Wollen wir ein Spiel spielen? Ja, lass uns spielen! Also ... Ich sehe was, was du nicht siehst, und das ist ..." Tiri wandte den Kopf in alle Richtungen. „Und das ist ... weiß."

„Der Boden", brummte Miki.

„Falsch. Rate weiter!", drängelte Tiri.

„Du."

Tiri bellte vergnügt. „Auch falsch."

„Ich", stieß Miki ein wenig genervt aus.

„Richtig! Obwohl du am Kinn noch ein bisschen rot bist."

Miki rieb ihr Gesicht im Schnee sauber. „Besser?"

„Als seist du gerade aus einem Schneesturm gekommen", stellte Tiri zufrieden fest. „Also ... Was machen wir jetzt? Wohin gehen wir?"

„Keine Ahnung", antwortete Miki, denn ein Leben, das dem Wandern gewidmet ist, kennt kein Ziel. Also trotteten sie weiter. Miki voran, Tiri hinterher, die Große und die Kleine. Ein ungleiches Paar, das sich dennoch lieb gewonnen hatte. Der Hunger verbindet selbst Geschöpfe, die nicht unterschiedlicher sein könnten. An einem Ort wie diesem, an dem die Lebensbedingungen so hart sind, muss man bereit sein, neue Wege zu finden. Allein durch das Eis zu ziehen, war nichts, wovor man Angst zu haben brauchte. Das hatte Miki gelernt. Verbindungen mit anderen Lebewesen einzugehen, konnte aber ebenso schön sein. Auch das hatte sie begriffen. Als sie durch die weiße Endlosigkeit streifte, mit Tiri hinter sich, dachte sie an Panuk und Aniu, an Utvak und Nuka und an ihre anderen Geschwister, die sie niemals kennenlernen würde.

„Vermisst du sie manchmal?" Es war die erste Frage, die Miki ihrer Freundin stellte.

„Wen soll ich vermissen?", wunderte sich Tiri.

„Na, deine Familie. Denkst du oft an sie?"

Tiri legte den Kopf schief, als müsste sie darüber erst nachdenken. „Manchmal. Nicht alle von uns sind außerhalb der Paarungszeit Einzelgänger."

Miki wandte sich erstaunt um. „Du meinst, es gibt Polarfüchse, die in Gruppen leben?"

„Das habe ich zumindest gehört."

„Und ausgerechnet eine Quasselstrippe wie du hat sich für die Einsamkeit entschieden?" Miki hätte nicht überraschter sein können.

„Ich finde andere Füchse manchmal ein bisschen anstrengend. Da tut eine kleine Pause ganz gut."

„Sag bloß", erwiderte Miki amüsiert.

„Ja, nicht alle von uns sind so ruhige, rücksichtsvolle Wesen wie ich." Tiri klang sehr ernst. „Manche Polarfüchse können richtige Nervensägen sein."

„Kaum zu glauben!" Miki tat sehr erstaunt, dann

ging sie weiter, in ihren Gedanken bei Mama und Nuka.

„Spielen wir noch einmal?", kläffte Tiri. „Ich sehe was, was du nicht siehst, und das ist weiß."

„Ich", sagte Miki.

„Nein."

„Du!"

„Wieder falsch!" Tiri schien den größten Spaß an diesem doofen Spiel zu haben.

„Der Boden", wählte Miki die letzte aller Möglichkeiten.

„Richtig!", freute sich Tiri und sprang ihrer Freundin fröhlich hinterher.

Der Winter schritt voran, ein Schneesturm löste den anderen ab und Miki legte eine beachtliche Fettschicht an. Aus irgendeinem Grund hatte sie das Gefühl, dass diese Aufgabe in diesem Jahr besonders wichtig war. Irgendetwas regte sich in ihrem Körper. Etwas, das sie nicht näher benennen konnte, reifte in ihr heran. Miki beschlich das Gefühl, dass es tatsächlich etwas mit dem Erwachsenwerden zu tun hatte. Sie war keine junge Bärin mehr, sondern eine, die bereits viele

Erfahrungen und Weisheiten gesammelt hatte. Weisheiten, die sie vielleicht schon bald weitergeben würde.

„Weißt du, wovor ich manchmal Angst habe?", begann Tiri eines Tages. Sie hatten gerade gefressen und streiften über schneebedeckte Hügel.

„Keine Ahnung", antwortete Miki.

„Was ist, wenn die Sonne im Frühling nicht mehr wiederkommt? Wenn das Eis nie schmilzt und die Tundra nicht mehr auftaut? Dann müsste ich für immer hinter dir herlaufen. Macht dir das auch Angst?"

Miki richtete die Ohren nach vorne. „Darüber habe ich noch nie nachgedacht. Aber jetzt, wo du es sagst, bekomme ich auch Angst davor." Die Vorstellung, bis ans Ende aller Tage einen winzigen quasselnden Schatten zu haben, benebelte ihren Kopf. So sehr, dass sie glaubte, einen vertrauten Geruch wahrzunehmen. Miki schüttelte sich, doch der Duft blieb. Es war nur ein Hauch und trotzdem unverkennbar. Es roch nach Geborgenheit, nach etwas, das schon lange vorbei war. „Nuka!" Ohne nachzudenken, wirbelte Miki herum und rannte los. Er durfte ihr nicht entwischen. Sie musste ihn finden. Nuka.

„Heee, Miki! Nicht so schnell. Meine Beine sind viel kürzer als deine. Gehen wir schon wieder auf Jagd? Wir haben doch gerade erst gefressen. Hey, warte!"

Miki aber nahm das Bellen der Polarfüchsin gar nicht wahr. Sie musste sich voll und ganz auf ihren Geruchssinn konzentrieren, der sie Schritt für Schritt ans Ziel trieb. Miki lief über Hügel und durch tiefen Schnee, begleitet von Tiris Rufen.

„Lass uns spielen!", versuchte die Füchsin, die Aufmerksamkeit ihrer Freundin zu gewinnen. „Ich sehe was, was du nicht siehst, und das ist ..." Tiri brach abrupt ab. „Ein Eisbär?", stieß sie verwundert hervor. „Miki, der sieht ja aus wie du. Da! Der dicke Kerl hat den gleichen seltsamen Fleck auf dem Rücken. Aber größer ist er. Viel größer sogar."

Er war es wirklich! Mikis Nase hatte sich also nicht getäuscht. Über die verschneiten Hügel kam Nuka auf sie zu. Er hatte sie ebenfalls gewittert und so wie Miki wurde auch er von endloser Freude angetrieben.

„Du bist es tatsächlich!", rief er atemlos.

„Und du bist es auch!“, erwiderte Miki und stieß ihren Kopf in Nukas Seite. „Ich kann es fast nicht glauben.“

„Und ich erst! Wer ist der dicke Kerl?“, rief Tiri, die vorsichtshalber hinter einer Schneeverwehung Schutz gesucht hatte.

Miki schlang die Tatzen um Nukas Hals. „Das ist mein Bruder“, sagte sie voller Stolz und biss ihm liebevoll in die Wange. Nuka schüttelte sie ab und musterte sie neugierig.

„Was hast du gemacht in all der Zeit?“

Da begann Miki zu erzählen. Sie erzählte von Tiri, von Utvak und Panuk, von Aniu und vom Menschendorf. Nuka knirschte mit den Zähnen. „Du warst immer schon viel zu unvorsichtig.“

„Ich bin eben eine Wanderin“, erwiderte Miki. „Und du? Was hast du erlebt?“

Nuka ließ den Blick über die weiße Landschaft schweifen. „Nicht so viel wie du. Das rastlose Wandern ohne Ziel macht mir wenig Spaß, deshalb ist dieser Ort hier schon bald mein Zuhause geworden. Hier ziehe ich meine Kreise und behalte die Atemlöcher der Robben im Auge.“

„Es gibt solche und solche, selbst unter uns Eisbären“, sagte Miki.

„Einmal“, fiel Nuka da noch ein, „habe ich zwei Menschen getroffen. Ich hatte Angst. Ständig habe ich Mamas Stimme in meinem Kopf gehört, aber die Menschen waren friedlich. Sie haben sich schwarze Kästen vor die Nase gehalten und sich gefreut, wenn ich mich im Schnee gewälzt habe. *Klick, klick!*, haben die schwarzen Kästen dann gemacht.“ Nuka sah Miki an, als könne sie ihm das alles erklären.

„Menschen das Futter zu stehlen, macht mich nicht zu einer Expertin für Menschendinge“, brummte Miki und stürzte sich auf ihren Bruder, so wie damals, als sie noch ganz klein gewesen waren. Nuka wehrte ihren Angriff

nicht ab. Bereitwillig ließ er sich in die Lefze zwicken, bevor er Miki mit einem gezielten Schlag zu Boden warf. Ihr Spiel fühlte sich so vertraut an. Für einen Moment glaubte Miki, Mama würde sie jeden Moment zur Vorsicht ermahnen. Eine ganze Weile tollten die Geschwister miteinander herum. Selbst Tiri hatte irgendwann eingesehen, dass von Nuka keinerlei Gefahr ausging. Sie sah den Eisbären zu und keckerte fröhlich vor sich hin. Irgendwann stieß Miki ein erschöpftes Schnauben aus. „Genug, Nuka. Sonst bekomme ich noch Hunger."

Ihr Bruder schüttelte sich, um sein zerzaustes Fell in Ordnung zu bringen. „Es war schön, dich zu sehen. Pass gut auf dich auf. In den kommenden Wintern musst du besonders viel fressen."

„Ich weiß ...", erwiderte Miki, die schon wieder dieses eigenartige Kribbeln in ihrem Bauch spürte, das kein Schmerz und auch kein Hunger war.

„Wandere wohl und wandere weit", sagte Nuka.

„Wandere wohl und wandere weit, mein lieber Bruder." Miki rieb ihren Kopf an seiner Schulter, dann trennten sich ihre Wege. Wieder einmal. Und diesmal vielleicht für immer.

Das fünfte Jahr: Neubeginn

Ich möchte dein Eisbär sein

Es war ein unvergesslicher Winter. Einer, in dem man sich dick und rund fressen konnte. Als der Frühling kam und die Sonne das Eis dünner und dünner werden ließ, blieb Tiri eines Tages auf einmal stehen. „Es ist so weit", sagte sie.

„Wofür?" Miki wandte sich um und sah die Füchsin fragend an.

„Ich muss gehen."

„Aber du gehst doch. Seit Wochen rennst du ununterbrochen hinter mir her."

„Das meine ich nicht", erwiderte Tiri. Natürlich hatte Miki begriffen, was ihre Gefährtin zu sagen versuchte, aber sie wollte es nicht hören. Sie hatte sich an ihre Gesellschaft gewöhnt.

„Der Sommer kommt, mein Fell wird bald braun werden", sagte Tiri. „Und dann kann ich Vögel jagen und

Eier fressen und die Mäuse aus ihren kleinen Löchern zupfen. Und Beeren futtern, bis mir der Bauch platzt."

„Das klingt wunderbar", fand Miki. Plötzlich erinnerte sie sich daran, wie gern sie Tiri in den ersten Tagen abgeschüttelt hätte. Wie sehr ihr dieses weiße Fellknäuel auf die Nerven gegangen war. Jetzt würde ihr die keckernde Stimme fehlen.

„Na dann ..." Tiri legte den Kopf schief, als versuchte sie, sich an etwas zu erinnern. „Wandere hierhin und wandere dorthin", verabschiedete die Füchsin sich voller Freude von ihrer Freundin.

Miki senkte den Kopf. „Das werde ich bestimmt tun, meine liebe Tiri."

Noch einmal stieß die Polarfüchsin ihr helles Bellen aus, dann lief sie los. Miki blickte ihr nach, bis sie am Horizont verschwunden war. Allein. Ob Miki noch wusste, wie man allein durch die Welt zog? Sie würde es herausfinden müssen.

Der Frühling kam und ihm folgte ein Sommer, so warm, wie Miki es noch nie erlebt hatte. Langsam beschlich sie das Gefühl, dass die Sonne von Jahr zu Jahr mehr Kraft bekam. Ob sie eines Tages stark genug sein würde, um

Miki zu töten? Die Eisbärin fraß nicht, aber sie verspürte auch keinen Hunger, denn sie hatte genug Fettreserven angelegt, um wochenlang ohne Nahrung auszukommen. Sie wanderte über die grüne Tundra, sah Rentiere vorüberziehen und manchmal einen anderen Eisbären am Horizont. Doch Miki verspürte nicht den kleinsten Wunsch, mit einem anderen Lebewesen in Kontakt zu treten. Sie vermisste niemanden. Nicht Tiri und auch nicht Nuka. Irgendwann wurden die Tage wieder kürzer, die Temperaturen kälter und die Wolken hingen tiefer. Der Herbst kam und ihm folgte ein weiterer Winter. Der fünfte in Mikis Leben. Ein neues Jahr brach heran und noch deutlicher als je zuvor verspürte sie den Drang, möglichst viel zu fressen. Wann immer sie auf dem weiten Packeis das Keckern eines Polarfuchses hörte, hob sie die Nase. Tiri begegnete sie jedoch nicht noch einmal und so merkte Miki in diesem Winter, wie laut das Eis knackte, wenn es sich übereinanderschob und zu riesigen Gebilden auftürmte. Viel zu schnell vergingen die kalten Tage und irgendwann fiel Miki auf, dass sie nicht mehr allein war. Jemand folgte ihr und es war kein Unbekannter. Miki wurde langsamer, um auf ihn zu warten, und als er endlich zwischen zwei Eisblöcken erschien, war er noch größer und stärker, als sie ihn in Erinnerung gehabt hatte.

„Aniu", sagte sie, als der mächtige Eisbär näher gekommen war. Viel Zeit war vergangen seit ihrer letzten Begegnung und Aniu trug die Spuren eines heftigen Kampfes. Von seinem Ohr fehlte die Hälfte und über seine Flanke zog sich eine dicke Narbe.

„Liebe kann manchmal wehtun", sagte er. „Letztes Jahr habe ich mich mit einem anderen Männchen um eine Eisbärin gestritten."

„Ich glaube, ich brauche nicht zu fragen, wer gewonnen hat", erwiderte Miki.

„Nein." Aniu näherte sich ihr vorsichtig und doch bestimmt. „Aber so ist das eben ... manchmal verliert man und manchmal gewinnt man."

„Und heute möchtest du gewinnen, nicht wahr?" Miki wich einen Schritt zurück und er folgte ihr.

„Es ist doch niemand hier, mit dem ich mich streiten könnte", stellte Aniu fest.

Miki schüttelte den Kopf. „Wer weiß ... Vielleicht stellst du dich so dumm an, dass du mich nicht für dich gewinnen kannst."

Aniu machte sich ein wenig größer, um Miki zu

zeigen, was ihr entgehen würde, wenn sie sich gegen ihn entschied. Insgeheim hatte sie ihren Entschluss jedoch schon längst gefasst. Aniu sollte der Vater ihres ersten Jungen sein.

„Du bist so wohlgenährt, dass es vielleicht sogar zwei Junge sein könnten", sagte er, als könne er ihre Gedanken lesen.

„Wer weiß." Miki schmiegte sich an ihn und er erwiderte ihre Liebkosungen.

„Darf ich dein Eisbär sein?", fragte er.

Miki stupste ihre Nase an Anius. „Komm, lass uns ein Stück gemeinsam wandern."

Und so gingen sie. Aniu und Miki, Schulter an Schulter.

„Was hast du getrieben, seit wir das Menschendorf verlassen haben?", wollte Miki wissen.

„Nicht viel." Aniu überlegte, wovon er Miki berichten konnte. „Vor einigen Wochen hat mich eine Polarfüchsin eine Weile begleitet. Die war vielleicht anstrengend ... Tiri hieß sie und konnte keinen Augenblick die Klappe halten. Hat ständig von einer Eisbärin erzählt, die angeblich viel besser jagen konnte als ich. Am liebsten hätte ich ihr den Hals umgedreht, aber erstaunlicherweise gewöhnt man sich an diese Flauschkugeln."

Er sah seine Freundin lange an, doch sie erwiderte seinen Blick nicht. Bilder kreisten durch ihren Kopf. Sie konnte sich so gut vorstellen, wie Tiri hinter Aniu herwuselte und ihm von ihren gemeinsamen Abenteuern erzählte.

„Ja", brummte Miki. „Und irgendwann fehlen sie einem beinahe ..."

Sie streiften lange über das Eis.

„Du wirst eine gute Mutter sein", war Aniu überzeugt.

„Ich hoffe es", erwiderte Miki.

„Ich weiß es. Ganz genau weiß ich es." Aniu legte seinen Kopf so zärtlich auf Mikis Schulter, dass all ihre Zweifel verpufften. Mutter werden. Der Gedanke kam Miki fremd vor, aber langsam verstand sie, was dieses Kribbeln in ihrem Körper zu bedeuten gehabt hatte.

Sie war jetzt alt genug, um sich um einen kleinen Eisbären zu kümmern. Monatelang hatte sie gejagt und gefressen, denn nur ein starkes Weibchen kann trächtig werden und nur die Stärksten überstehen die Monate, die darauf folgen.

„Bist du bereit?", fragte Aniu und Miki musste keinen Augenblick lang zögern.

„Ja. Ich bin bereit." Und so ging Miki an einem kalten Tag im Frühling eine Verbindung ein, mit der ein neuer Abschnitt ihres Lebens beginnen sollte. Miki, die Kleine, war groß geworden.

Eine Höhle im tiefen Schnee

Tief in ihrem Körper trug sie eine Kostbarkeit mit sich, die darauf wartete, wie sich die Dinge weiterentwickeln würden. Schaffte Miki es, ihre Fettreserven weiter aufzufüllen, würde dieses Etwas bleiben. Es würde zu wachsen beginnen, bis es eines Tages ein winziger, perfekter Eisbär wäre. Würde Miki jedoch in ihrer Aufgabe, genug Kraft für eine lange Zeit ohne Fressen zu sammeln, versagen, wäre alles umsonst gewesen. Dann müsste sie es im nächsten Jahr wieder probieren und das, was sie in ihrem Bauch mit sich trug, würde verschwinden. Es würde nicht wachsen, nicht zu einem Eisbären werden. Das Geschenk, das Aniu ihr gemacht hatte, wäre für immer verloren. Deshalb wollte Miki alles dafür tun, um es zu behalten.

„Ich will dich kennenlernen", flüsterte sie ihrem Bauch zu, wenn sie sich in einer Senke im Schnee zusammenrollte, um ein Nickerchen zu machen.

„Schau, ich schenke dir eine Robbe", sagte sie stolz, wenn sie Beute geschlagen hatte und zu fressen begann.

„Bleib bei mir", bat sie Tag für Tag. Und das unbekannte kleine Wesen blieb. Es war bereits Herbst geworden, da entschied es sich endlich. Das Wesen machte es sich in ihrem Bauch gemütlich und begann zu wachsen. Jetzt musste Miki die letzten Vorbereitungen treffen. Die Eisbärin, die den ganzen Sommer durch die Tundra gewandert war, ging weiter landeinwärts. Weg vom Meer. Sie hatte gehört, dass manche Eisbärinnen ihre Höhlen ins Packeis gruben, das niemals schmolz. Aber Miki entschied sich dagegen. Viel zu groß kam ihr die Gefahr vor, abgetrieben zu werden. Zum ersten Mal fühlte es sich sicherer an, den Winter an Land zu verbringen. Als sie einen Fluss erreichte, folgte sie seinem Lauf. Steile, von einer dicken Schneeschicht überzogene Böschungen erhoben sich an seinem linken Ufer. Bald schon entdeckte Miki Eisbärinnen, die ihre Höhlen im tiefen Schnee anlegten.

„Gibt es noch Platz hier?", rief Miki einer älteren Bärin zu.

„Ja, reichlich", antwortete die andere. Der Gang ihrer Höhle hatte bereits eine beachtliche Länge.

„Wichtig ist, dass du auf der Seite bleibst, die vom Wind abgewandt ist. Dort sammelt sich der Schnee und ihr seid monatelang in Sicherheit", erklärte die Bärin. Sie schien sofort begriffen zu haben, dass Miki diese Aufgabe zum allerersten Mal in ihrem Leben übernahm. „Und achte darauf, dass der Eingang deiner Höhle etwas tiefer liegt als die Kammer. Dann habt ihr es schön warm."

Miki verstand. Wenn der Gang etwas tiefer lag, saß die Kälte in der Falle. Die junge Eisbärin ging noch ein Stückchen weiter, dann erklomm sie die Böschung und vergrub ihre Tatzen im Schnee. Doch der Tunnel hielt nicht. Immer wieder stürzte er ein. Miki verstand nicht, was sie falsch machte. Bei den anderen hatte es so leicht ausgesehen.

„Probier es weiter flussaufwärts", ermutigte sie eine andere Eisbärin, die kaum älter als sie selbst war.

„Danke", erwiderte Miki. Sie hatte nicht mehr viel Zeit und trotzdem wollte sie die Vorbereitungen mit größter Sorgfalt treffen. Flussaufwärts gab es tatsächlich einen Hang, der vielversprechend aussah. Miki drückte die Nase in den Schnee, um zu prüfen, ob er fest genug war. Dann grub sie erneut. Diesmal hielt die Schneedecke. Miki buddelte tiefer und tiefer und der Gang wurde länger und länger. An seinem Ende führte er

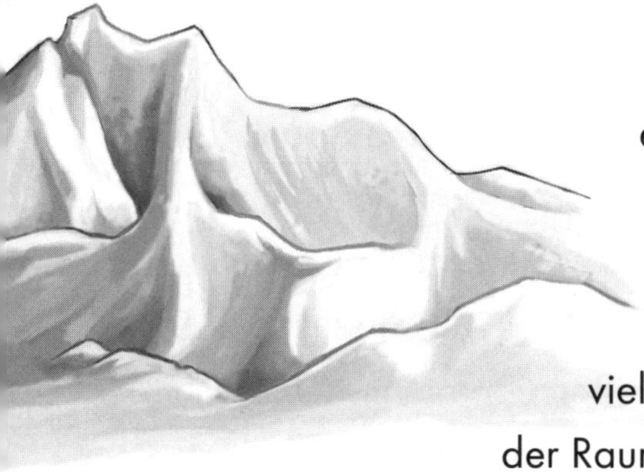

ein Stück nach oben. Dort sollte die Kammer entstehen, in der Mikis erstes Kind zur Welt kommen würde. Sie gab sich viel Mühe. Groß und rund sollte der Raum werden, so wie sie selbst. Es musste genug Platz geben, damit das Kleine etwa zwei Monate nach seiner Geburt seine ersten Gehversuche machen konnte. Miki dachte stets nur an ein Junges. Irgendetwas sagte ihr, dass es unmöglich zwei sein konnten. Sie hätte Aniu den Wunsch nach Zwillingen gern erfüllt, doch ein einziges Junges auf die Welt zu bringen und großzuziehen, war viel einfacher. Vor allem für eine so unerfahrene Mutter, wie Miki es war. Als die Höhle fertig war, legte die Eisbärin sich in den festgetrampelten Schnee. Warm und kuschelig war es hier. Sie schloss die Augen und stellte sich vor, wie es sein würde, wenn sich ein winziges Wesen an sie schmiegte. Etwa einen Monat vor der Geburt zog Miki sich endgültig in die Höhle zurück und begann zu warten. Ganz klein rollte sie sich zusammen und spürte, wie wenig Energie ihr Körper für sich selbst verbrauchte. Alles, was sie hatte, gab sie dem kleinen Wesen in ihrem Bauch.

Miki fühlte, wie es sich bewegte. Tritte, zart und doch bestimmt.

„Du wirst ein großer Wanderer“, flüsterte sie und döste noch eine Runde.

Er war so winzig, dass Miki Angst hatte, ihm wehzutun. Plötzlich verstand sie, warum Mama ihr diesen Namen gegeben hatte. Das Würmchen neben ihr hatte seine Augen verschlossen, ein zarter weißer Flaum bedeckte seinen Körper und es fiepte kläglich. Miki wusste sofort, was sie zu tun hatte. Vorsichtig drehte sie sich zur Seite, damit das winzige Wesen eine ihrer Zitzen in sein Mäulchen schieben konnte. Gierig begann es zu trinken.

„So klein wie ich, so gierig wie Nuka“, stellte Miki fest. Sie spürte das Saugen und hörte das Schmatzen. Eine eigenartige Wärme durchströmte ihren Körper. Liebe. Es musste Liebe sein, die sie für das Würmchen empfand.

„Du bist mein kleiner, starker Junge“, wisperte sie. Am liebsten hätte sie ihre Nase gegen seine gedrückt, aber das ging nicht. Er musste ja trinken. Mikis fette Milch musste in seinen Magen strömen, damit er schnell wuchs und stark wurde.

„Kunik“, murmelte Miki. „Du sollst Kunik heißen.

Angeblich nennen die Menschen so den Kuss, bei dem sie ihre Nasen aneinanderreiben." Sie schloss die Augen und stellte sich vor, wie sie Kunik die Welt zeigte.

Die Tage vergingen, ohne dass Miki und Kunik davon viel mitbekamen. Es war finster in ihrer Höhle und auch draußen herrschte eine unendliche Dunkelheit. Für Mutter und Sohn gab es aber ohnehin nichts zu tun. Der eine musste trinken, die andere warten. Obwohl Miki seit Monaten nichts gefressen hatte, verspürte sie keinerlei Hunger und sie wusste, dass sie noch viele Wochen in diesem Zustand verharren konnte. Immer wieder sprach sie mit Kunik, doch in den ersten Tagen reagierte er nicht darauf. Er saugte und ließ sich dabei durch nichts stören. Erst nach etwa drei Wochen hob er erstaunt den Kopf, als Miki ein zartes Brummen ausstieß.

„Hörst du mich etwa?", fragte die Eisbärenmutter und Kunik fiepte wie zur Bestätigung. Wenige Tage später blinzelte er. Mit halb geöffneten Augen sah er sich um, Verwunderung stand ihm ins Gesicht geschrieben.

„Warte nur. Es wird noch viel besser", versprach Miki ihm. „Wenn wir erst draußen sind, wirst du dich kaum sattsehen können, so schön ist es."

Kunik quietschte leise. Er klang ungeduldig, wie Miki.

„Nein, noch müssen wir hierbleiben“, sagte sie. „Noch musst du wachsen.“

Und Kunik wuchs. Er wurde schnell größer, bekam dichteres Fell, hob seine Nase und begann neugierig zu schnüffeln.

„Mama nast gut“, stellte er fest.

„Du findest, ich rieche gut?“

„Ja“, quiekte Kunik. „Nach weißem Glück.“ Er kroch unter Mikis Bauch und trank wieder. Fast pausenlos hatte er während der ersten Wochen seines Lebens an ihren Zitzen gehangen, jetzt aber wurden die Abstände zwischen seinen Mahlzeiten größer und Kunik entdeckte seine Pfoten. Langsam wurde er stark genug, um sich aufzurichten. Wackelig stand er auf allen vieren und tappte durch die Geburtshöhle.

Schritt für Schritt. Immer wieder knickten seine Beinchen ein, immer wieder fiel er auf die Nase. Dann schnaubte er verärgert, rappelte sich auf und versuchte es noch einmal. Kunik gab nicht auf und Miki sah ihm an, dass er ein großer Wanderer werden würde. Wie sie selbst und wie sein Vater.

„Wann gehen wir denn endlich?"

„Jetzt noch nicht", ermahnte Miki ihren Sohn und legte die Vordertatze liebevoll auf ihn. Kunik versuchte schon wieder, durch den Tunnel zu kriechen, der nach draußen führte.

„Aber hier ist es langweilig", beschwerte er sich. „Du spielst nicht gut."

„Wie bitte?" Miki traute ihren Ohren kaum.

„Ja, du hattest einen Bruder, mit dem du spielen konntest, aber ich?" Kunik ließ sich auf sein Hinterteil plumpsen und sah seine Mutter vorwurfsvoll an.

„Aber dafür kann ich doch nichts", verteidigte sich Miki.

„Dann mach, dass die Zeit schneller vergeht. Ich will raus. Ich will spielen." Kuniks Hartnäckigkeit erinnerte Miki an sich selbst und zum ersten Mal verstand sie ihre eigene Mutter. Die vielen Zurechtweisungen, ihr leises Knurren, wenn Miki als kleine Eisbärin keine Sekunde still gehalten hatte.

„Na gut. Ich habe eine Idee", sagte sie verschwörerisch.

„Oh, fein! Können wir endlich dieses Wandern machen, von dem du dauernd erzählst? Und jagen. Ich will dich so gern jagen sehen, Mama. Nichts lieber möchte ich." Kunik sprang an seiner Mutter hoch und schlang seine winzigen Tatzen um ihr mächtiges Bein.

„Du setzt dich hierhin und bist schön still, ja? Ich erledige den Rest."

Enttäuscht wandte sich Kunik von ihr ab. „Sitzen ist blöd", murrte er und starrte die weiße Wand der Höhle an. „Alles ist weiß hier drin", beschwerte er sich. „Weiß, weiß, weiß."

Miki verkniff es sich lieber, ihrem Sohn zu sagen, wie die Welt, nach der er sich so sehnte, aussah. Stattdessen begann sie zu graben. Sie grub und grub und machte nur dann eine Pause, wenn Kunik quengelte, dass er Hunger hatte. Dann legte sie sich zu ihm, ließ ihn an einer ihrer Zitzen nuckeln und döste ein Weilchen. Irgendwann aber war sie mit ihrer Arbeit fertig: Miki hatte einen zweiten Raum gegraben.

„Jetzt hast du mehr Platz", sagte sie und dachte an Nuka. „Ich habe dir ein Purzelbaumzimmer gebaut."

„Oh, toll!", freute sich Kunik.

„Wenn du tausend Purzelbäume geschlagen hast, dann ist es Zeit, nach draußen zu gehen."

Kunik steckte den Kopf zwischen die Beine und ließ sich nach vorne fallen. „Eins", zählte er und sprang wieder auf die Pfoten, um das Spiel zu wiederholen. „Zwei."

Miki legte sich zufrieden in die Ecke. Sie durfte schließlich nicht zu viel Energie verbrauchen.

Sowohl Kunik als auch sie selbst lebten immer noch von der Speckschicht, die sie sich während des letzten Winters angefressen hatte. Aber sie schmolz, fast wie der Schnee im Sommer, und Miki wusste, dass bald eine schwierige Zeit für sie anbrechen würde. Sie würde hungrig werden, und sobald sie die Geburtshöhle mit Kunik verlassen hatte, musste sie möglichst schnell ans Meer gelangen, um Beute zu schlagen. Es war ein Wettlauf gegen die Zeit und gegen den Hunger. Und das waren nicht die einzigen Gefahren, die sie dort draußen erwarteten.

„Siebenundelfzigdrei, siebenundelfzigvier", zählte Kunik munter vor sich hin, während er einen Purzelbaum nach dem anderen schlug. Miki schloss die Augen und träumte vom Eis, von der Jagd und vom süßen Fett der Robben.

Atiqtuq: Der Gang zum Meer

Drei Monate. Kunik wog jetzt mehr als das Zehnfache seines Geburtsgewichts. Er flitzte von einem Winkel der Höhle in den anderen, stürzte sich auf seine Mutter, um ihr, so fest er nur konnte, ins Ohr zu kneifen, und suchte dann eilig das Weite.

„Nicht so doll!", ermahnte Miki ihn spielerisch, obwohl seine zunehmende Kraft sie mit Stolz erfüllte. Es war so weit. Kunik war groß genug, um die Höhle zu verlassen. Trotzdem zögerte Miki. Sie dachte an all die Gefahren, die dort draußen lauerten. An fremde Eisbärenmännchen, die keinen zukünftigen Konkurrenten am Leben lassen würden, und an Wolfsrudel, die geschickt genug waren, um ein Eisbärenjunges von seiner Mutter zu trennen. Atiqtuq, der Weg zum Meer, würde ein langer werden.

„Komm, wir strecken unsere Nasen in den Wind", sagte Miki trotzdem und Kunik konnte sein Glück kaum fassen.

„Nach oben? Wir gehen nach draußen? Wirklich, Mama? Aber ich habe doch erst neunhundertsiebenundzwanzigdrei Purzelbäume gemacht."

„Es wird trotzdem Zeit", entgegnete Miki und durchbrach die dicke Schneeschicht, die sich während des Winters über den Eingang der Geburtshöhle gelegt hatte. Der Wind schlug ihr entgegen und brachte den Duft des Flusses mit sich. Blasse Sonnenstrahlen küssten Miki auf die Nase, als freuten sie sich, sie nach so langer Zeit wiederzusehen. Die Eisbärin atmete tief durch. Sie hatte diesen Moment schon mal erlebt. Einmal war sie bereits nach monatelanger Dunkelheit und Enge hinaus in die Welt gekrochen, um sie zu erobern. Wieder war es ein zauberhaftes Gefühl. Kunik folgte ihr. Neugierig und vorsichtig zugleich. Er war nicht so ungestüm wie Miki, aber auch nicht ängstlich wie Nuka.

„Hier ist ja auch alles weiß", stellte er ein bisschen enttäuscht fest.

„Schau nach oben", forderte seine Mutter ihn auf. „Dort ist es blau."

„Und hell!" Kunik blinzelte geblendet. Die Augen der Eisbären sind klein, um sie vor der Helligkeit des Schnees zu schützen. Der allererste Blick in die Sonne bereitete Kunik dennoch Schmerzen. „Gehen wir jetzt jagen?“, fragte er, als er sich ans Licht gewöhnt hatte.

„Nein, zuerst spielen wir.“ Miki warf sich in den frischen Schnee. Wie gut es tat, die steifen Glieder zu strecken. Kunik sprang auf den Bauch seiner Mutter und quietschte vergnügt. „Das ist noch viel besser als tausend Purzelbäume, Mama!“ Eine Weile kugelten sie durch den Schnee, dann stoppte Miki das fröhliche Spiel.

„Wir müssen zurück ins Warme“, ermahnte sie ihren Sohn. „Du bist noch nicht groß genug, um der Kälte so lang zu trotzen.“

Tag für Tag verließ die kleine Familie von nun an die Höhle. Tag für Tag wurden die Strecken, die sie zurücklegten, länger. Miki achtete penibel darauf, dass sie auf ihren kurzen Wanderungen keine Spuren hinterließen. Was aus Kuniks rundem Bäuchlein kam, verscharrte sie unter dem Schnee, damit kein Räuber auf sie aufmerksam wurde. Während ihr Sohn die Welt mit allen Sinnen erforschte und sein Körper sich an die Kälte anpasste, fraß Miki altes Gras, das sie unter der Schneedecke am Flussufer fand. Ihr Magen hatte seit vielen Monaten nicht mehr gearbeitet und musste sich langsam erneut daran gewöhnen.

„Wann gehen wir denn wieder zurück?", fragte Kunik bei ihrem dreizehnten Ausflug. Sie waren schon einige Stunden unterwegs, und obwohl der kleine Eisbär noch kein bisschen müde war, begann er sich zu wundern.

„Wir kehren nicht um", erwiderte Miki.

„Aber warum denn nicht?" Kunik blieb zögerlich stehen, da sagte seine Mutter nur ein einziges Wort: „Atiqtuq."

Kuniks Augen begannen zu leuchten. „Wir gehen zum Meer?" Voller Freude stürmte er los, nur um mit einem sanften Schlag ihrer rechten Vorderpfote von seiner Mutter zur Vorsicht ermahnt zu werden. „Langsam, mein Sohn. Wir haben noch einen weiten Weg vor uns."

„Ja, Mama. Schon verstanden." Die Worte sprudelten nur so aus Kunik heraus und Miki fragte sich, ob eine so enge Freundschaft wie jene zu Tiri in ihrem Nachwuchs vielleicht die ein oder andere Spur hinterlassen haben könnte.

„Und wenn du jagst, dann helfe ich dir", versprach Kunik. „Ich werde ganz still liegen, so wie du es mir gesagt hast. Und dann fressen wir den Robbenspeck. Hast du schon großen Hunger?"

„Und wie." Miki zählte innerlich die Kilometer bis zum Meer. Sie musste bald fressen, um ihrem Kind eine gute Mutter sein zu können. Miki hoffte, dass das Wetter weiterhin mitspielte, dann würden sie es trotz aller Anstrengung bis zum Meer schaffen. Und dann fehlte nur ein Fünkchen Glück und die erste Hürde in Kuniks Leben war überwunden. Sie brauchte nur eine Robbe, um Kraft zu haben für all die Monate, in denen sie für ihren Nachwuchs verantwortlich war.

„Vielleicht fängst du auch ein Walross oder ein Rentier oder einen Belugawal. Erzählst du mir die Geschichte noch einmal? Bitte, bitte, liebe Mama. Erzähl mir von den Belugas und von Tiri. Die hat richtig viel gequasselt, nicht wahr?"

„Nur halb so viel wie manch anderer." Miki rieb ihre Nase liebevoll an Kuniks.

Miki hätte nie zu hoffen gewagt, dass ihre erste Jagd nach dieser monatelangen Hungerphase erfolgreich verlaufen würde, doch es war ihr gelungen. Es war beinahe einfach gewesen. Als Kunik den glibberigen Robbenspeck kostete, konnte er seine Begeisterung nicht verbergen. Er hüpfte auf und ab, stürmte um seine

Mama herum und quiekte dabei aufgeregt. „Mehr, Mama! Mehr!"

„Dann halt still und friss", erwiderte Miki.

„Ja, fressen. Robbenspeck fressen. Robbenspeck ist das Beste, das es gibt." Er vergrub seine Nase in der Robbe und schmatzte genüsslich drauflos. Miki ließ sich Zeit. Bissen für Bissen kehrte die Kraft in ihren Körper zurück. Sie hatten es geschafft! Miki hatte das Gefühl, nichts und niemand konnte ihnen jetzt noch zur Gefahr werden. Als sie satt waren, wanderten sie weiter.

„Mein Bauch, der schlenkert hin. Mein Bauch, der schlenkert her", sang Kunik neben ihr vergnügt. Miki aber blieb konzentriert. Irgendetwas war nicht, wie es sein sollte. Vielleicht kam es ihr auch nur so vor, weil alles so leicht schien. Misstrauisch richteten sich die Haare in ihrem Nacken auf. Miki hob die Nase und sog die Luft ein. Sie analysierte Hunderte unterschiedliche Gerüche. Von Eisbären, die in weiter Ferne ihren ziellosen Wegen folgten, von Robben, die zum Luftholen aus dem schwarzen Wasser auftauchten, und vom Wind, der frischen Schnee herantrieb.

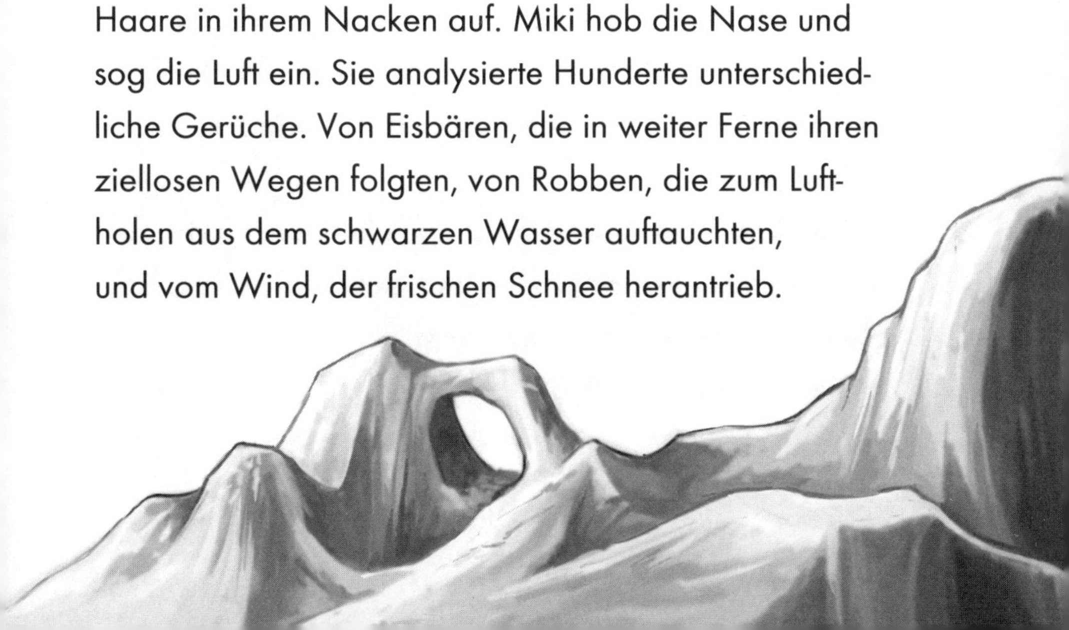

Nichts davon roch nach Gefahr. Alles war gut und trotzdem hielt sich das dunkle Gefühl hartnäckig in Mikis Herzen. Sie schüttelte sich, aber es klebte an ihr. Sie beschleunigte ihren Schritt, bis Kunik hinter ihr jammerte: „Nicht so schnell, Mama."

Da drehte der Wind und urplötzlich wurde Miki klar, worauf sie zusteuerten.

„Was ist das?", fragte Kunik, der stehen geblieben war. „Es riecht bissig."

„Wölfe", sagte Miki.

„Und Eisbären", fügte Kunik hinzu und sah seine Mutter fragend an. Der Kleine hatte recht. Auch Miki hatte sie gewittert und sie konnte sich gut vorstellen, was sich dort vorne, nicht weit von ihnen entfernt hinter einer Kuppe, abspielte. Eine Eisbärin und ihr Junges, umgeben von Wölfen. Miki zögerte einen Moment. Sie durfte Kunik dieser Gefahr nicht aussetzen, doch trotzdem wollte sie einen kurzen Blick auf die andere Seite des Hügels werfen.

„Du bleibst hier", schärfte sie Kunik ein. Artig duckte sich der kleine Eisbär in eine Vertiefung und schob die schwarze Nase unter seine Pfoten.

„Ich bin gleich zurück", versprach Miki, während

sie den Hang emporstieg. Ihr Herz klopfte, und als sie sah, was dort unten vor sich ging, wäre es um ein Haar stehen geblieben. Eine Eisbärin kämpfte gegen ein Rudel Wölfe. Wie viele Tiere mochten es sein? Zwanzig? Oder dreißig? Viele bluteten bereits, doch auch die Bärin hatte tiefe Wunden davongetragen. Miki sah mit Schrecken das Eisbärenjunge, das regungslos neben ihr im Schnee lag. Seine Reise hatte nicht lange gedauert und bald würden die Wölfe seinen toten Körper dafür benutzen, um ihr eigenes Leben zu verlängern. Trotzdem kämpfte die Bärin unerbittlich weiter, als wollte sie den Tod ihres Jungen um jeden Preis rächen. Selbst wenn sie ihr eigenes Leben dafür opfern musste. Da ertönte unter dem Schnee dicht neben Miki ein klägliches Fiepen. Sie war so abgelenkt von dem Kampf gewesen, dass sie es nicht gemerkt hatte, doch jetzt war die Sache klar. Dort, gut versteckt und trotzdem völlig verängstigt, lag ein zweites Eisbärenbaby. Es war ein Weibchen. Es war etwas kleiner als Kunik, aber es sah stark und wohlgenährt aus. Miki überlegte nicht lange. Die andere Eisbärenmutter kämpfte verzweifelt weiter, aber die Sache schien hoffnungslos. Die ersten Wölfe witterten, dass es einen guten Grund für die Hartnäckigkeit der Bärin gab: ein zweites

Junges. Sie drückten ihre Nasen auf den Boden und liefen aufgeregt herum.

„Komm mit mir“, wisperte Miki. „Wir haben keine Zeit.“ Sie stieß ihren Kopf gegen den des fremden Eisbärenmädchens, das sich sofort aufrappelte. Verwirrt blickte es zu seiner Mutter. „Aber ...“

„Entweder bin ich von heute an deine Mutter oder du bist tot“, sagte Miki und wandte sich zum Gehen. Da schluckte das kleine Wesen und lief eilig hinter ihr her. In einer Welt wie dieser zählte jede Sekunde.

„Wer ist das?“, fragte Kunik vergnügt, als Miki und das Eisbärenmädchen den Hügel hinuntergelaufen kamen.

„Deine neue Schwester“, erwiderte Miki und dachte an jene ältere Schwester, von der Mama ihr einst erzählt hatte und die sie niemals kennenlernen würde. „Ihr Name ist Uki, die Überlebende.“

Die Eisbärin rieb ihre Nase erst an Kuniks und dann an Ukis, bevor sie die beiden Jungen zur Eile antrieb.

„Unsere Mama ist die beste Jägerin", verkündete Kunik und hob stolz das Köpfchen.

„Au fein! Ich liebe Robbenspeck über alles", erwiderte Uki fröhlich.

Miki aber trabte voran. Nur weg von hier. Nur weg von diesen Wölfen. Sie hatte jetzt zwei Junge, zwei Mäulchen zu stopfen, doppelt so viel Arbeit. Man sagt, es braucht viel Glück, um zwei kleine Eisbären großzuziehen. Miki aber wusste, dass es vor allem zwei Dinge benötigt: Den Glauben an die eigene Stärke, von dem sie in den letzten Jahren so reichlich gesammelt hatte, und jene Weisheit, die sie selbst von ihrer Mutter geschenkt bekommen hatte. Jetzt war es an der Zeit, diese Weisheit weiterzugeben. An Kunik und an Uki, damit auch sie eines Tages losziehen und ihre Stärke und Intelligenz unter Beweis stellen konnten. Ein endloser Kreislauf, dem nur die zunehmende Kraft der Sonne ein Ende bereiten würde.

Und wie ist es wirklich?

Ist das Fell der Eisbären weiß?

Das Fell des Eisbären wirkt zwar weiß, aber eigentlich sind die hohlen Haare, die für eine perfekte Isolierung gegen die eisigen Temperaturen sorgen, durchsichtig. Deswegen erscheinen Eisbären im Licht der untergehenden Sonne auch rötlich. Und wie Miki ganz richtig erzählt hat, kann das Fell sogar eine grüne Farbe annehmen, wenn sich in den Haaren Algen einnisten. Das ist übrigens nicht schädlich für die Eisbären.

Wie können Eisbären in der klirrend kalten Arktis so gut überleben?

Eisbären sind an das Leben rund um den Nordpol perfekt angepasst. Die Haut unter ihrem dichten Fell ist schwarz, weil sie so die Wärme der Sonne besser aufnehmen können. Außerdem schützt sie eine dicke Fettschicht vor der Kälte. Sie haben kleine Augen, die unempfindlich gegenüber dem hellen Licht und Schneestürmen sind. Die Haare auf der Unterseite ihrer Tatzen sorgen dafür, dass sie auch auf dem glatten Eis nicht ausrutschen. Während andere Bärenarten Winterruhe halten, um Energie zu sparen, kann der Körper des Eisbären in eine Art Energiesparmodus schalten. So kommen die Bären wochen- oder sogar monatelang ohne Futter aus.

Ist der Eisbär ein Meerestier?

Obwohl der Eisbär das größte Raubtier an Land ist, gilt er als Meerestier. Forscherinnen und Forscher kamen zu diesem Schluss, weil das Leben des Eisbären so eng mit dem Meer verknüpft ist und er die meiste Zeit auf dem gefrorenen Wasser verbringt.

Sind Eisbären und Polarfüchse tatsächlich so gute Freunde?

Eisbären und Polarfüchse gehen in der Natur tatsächlich regelmäßig Verbindungen ein. Ob ein Fuchs einem bestimmten Bären über so lange Zeit folgt wie Tiri, ist allerdings nicht ganz sicher. Es könnte auch sein, dass die Füchse mit ihrem feinen Geruchssinn erschnüffeln, wenn Eisbären erfolgreich Beute geschlagen haben, und dorthin laufen. Fest steht auf jeden Fall, dass die Polarfüchse vom Geschick der Eisbären profitieren und sogar den Kot der riesigen Raubtiere fressen, um satt zu werden.

Sind Eisbären Einzelgänger oder leben sie auch in Gruppen?

Eisbären gelten zwar als Einzelgänger, aber anders als andere Bärenarten haben sie kein festes Revier, das sie verteidigen. Tatsächlich schließen sich vor allem junge, männliche Tiere manchmal zu größeren Gruppen zusammen, wobei auch eine gewisse Rangordnung festgelegt wird. Auf der Suche nach Futter belagern die Jungtiere manchmal auch Dörfer, denn wegen des Klimawandels friert das Meer immer später zu und die Bären haben großen Hunger. Wenn sich ein Männchen und ein Weibchen paaren, also eine Familie gründen, bleiben sie nur einige Stunden oder Tage zusammen. Dann trennen sich ihre Wege wieder.

Wie weit können Eisbären laufen und schwimmen?

Auf der Suche nach Futter legen Eisbären pro Jahr mehrere Tausend Kilometer zurück und schwimmen zum Teil beachtliche Strecken. So wurde über eine Eisbärin berichtet, die innerhalb von neun Tagen fast 700 Kilometer geschwommen ist, wobei sie 22 Prozent, also fast ein Viertel, ihres Körpergewichts und leider auch ihr Junges verlor.

Anna Lisa Kiesel, geboren 1989 in Graz, hat bereits vor der Schule mit dem Lesen und Schreiben angefangen und seitdem die Füllfeder kaum mehr aus der Hand gelegt. Das Germanistikstudium, das sie im Alter von 15 Jahren begann, ließ sie schnell wieder bleiben, machte stattdessen eine Ausbildung zur Fotografin und arbeitete schließlich als freie Werbetexterin. Mittlerweile hat sie sich ganz den Kinder- und Jugendbüchern verschrieben und wird von ihrer Tochter und ihrem Sohn laufend zu neuen Geschichten inspiriert.

Sanna Wandtke, geboren 1989, ist eine freie Illustratorin aus Hamburg. Während ihres Studiums an der HAW spezialisierte sie sich auf digitale Illustration, mit großer Leidenschaft für die realistische und detaillierte Darstellung von Tieren und Naturszenerien. Wenn sie nicht malt, geht sie ihrer zweiten Berufung als Heilarbeiterin nach oder schlüpft in ihre Wanderschuhe und verliert sich glücklich in den Bergen.